U0115424

我们曾经
橫渡英倫海峽

草川 主編

鄭麗珊、劉桉瑜、張敏靈 合著

我們把此書獻給Melody深愛的媽媽Auntie Ellen，她一直默默支持和守護Melody，成為Melody堅實的後盾。儘管Auntie Ellen已在天國，她的愛與祝福永遠與我們同在。

Eliza

此書獻給我最愛的母親Ellen，她能夠在生前見證到我們橫渡英倫海峽的事蹟，懷念你的女兒。

Melody

我把此書獻給我敬愛的Auntie Ellen。感激Auntie Ellen一直的愛護及鼓勵，在我面對寒冷及黑暗時亦能感到絲絲溫暖。
願於淨土遠方的Auntie Ellen亦能分享我們團隊成功橫渡英倫海峽的興奮及美好回憶。

Fannie

目錄
Contents

橫渡海峽的
追夢篇

01

一切豈能不從英國浪漫主義詩人拜倫先生（George Gordon Byron）開始。

世襲男爵，童年時是體弱傷殘的落難貴族，少年時命轉人生，兼且成為當代的浪漫主義的領袖人物，但他的剛硬性格，和浪漫似乎無關。

英國浪漫主義詩人拜倫先生

喜歡戰場遠於自己承繼下來的豪宅，一生打抱不平，以及忠於向命運挑戰，終於在三十六歲之時，死於他仗義加入的希臘革命戰爭。

身為法國拿破崙大帝（Napoléon Bonaparte）的超級粉絲，拜倫形容拿破崙一生的崛起，由一個炮兵小頭頭的延續，緣起，一躍龍門，成為叱吒的霸主，拿破崙的一生故事，雖短暫而精彩，是一篇浪漫的史詩。

拜倫甚至把自己和拿破崙相提並論，但其實他也比拿破崙幸運得多了，女人和愛情，豪氣正義，凜然式的浪漫，雖然人生甚短，正符合一句名言：「人生不需問歲月長短，只問過程」。

更特別是，拜倫的右腳是半跛的，還是終身不忘運動。

他是拳擊手，騎師和泳手。

在神話或歷史的傳說中，土耳其海峽的一邊，漂亮的愛神廟宇中有位女祭司海洛，愛上了彼岸的獵人拿安德。每晚，這個擅長游泳的獵人，總借助游魚的幫助，渡過海峽，和這個愛神專屬的祭司，談談情，說說愛，好萊塢電影式的浪漫神話。於是招惹心胸狹窄的愛神強烈的妒忌，下一步是警告海峽所有魚類靠邊站，不准在中途變成休息的驛站，終於，這個多情的獵人，累死在岸邊礁石。但他也沒有白死，女祭司海洛投身海中，變成了淒怨的浪花。

一八一〇年五月三日，拜倫為了向傳說中因相戀私奔而死於海中的戀人致敬，橫渡在土耳其西北部和愛琴海相連的達達尼爾海峽（Dardanelles Strait），共游了約一小時十分，並寫下了著名的《阿比杜斯的新娘》（The Bride of Abydos）。

那年，拜倫時年二十二歲。

向傳說中的悲劇人物致敬，付諸行動表達追憶之情，說明了拜倫對這段轟轟烈烈浪漫愛情的深切感懷，並非僅是紙上談兵。

拜倫曾說他單槍匹馬游過達達尼爾海峽，是一件令他感到十分自豪的事情。他揭開了近代體育史上橫渡海峽的篇章。

拜倫先生，曾經兩次橫渡這個海峽。

他說：

> 每一次橫渡，隱約就看見海洛和拿安德向我招手，他們的身邊圍滿了
> 頑皮的海豚。

他也遺下一句名言：

> 這次橫渡海峽不過是一個笨拙的開始，但勢必引來偉大的回應。

果不其然，之後捲起一連串的橫渡海峽的浪潮。有所謂向世界七大橫渡海峽挑戰，可讓世界泳手選擇，從那裏開始追夢之旅？

世界七大海峽，分別是英法之間的英倫海峽、愛爾蘭北方通道、直布羅陀海峽、紐西蘭庫克海峽、夏威夷莫洛凱島海峽、美國東部的卡塔利娜海峽，與日本北海道的津輕海峽。這個名單已經公佈超過十年了，但目前全世界只有三十多位泳手，可以完成全部挑戰。

後世泳手，前游後繼，孤獨如鯨也好，以接力方式亦然，建立他們的里程碑，為自己或國家、城市、人爭光，值得向他們致敬。

也請他們向拜倫先生致意，大家都不枉此生。

到底這七個海峽的難度在甚麼地方？

一　英倫海峽（English Channel）

　　世界上最有名的海峽──英倫海峽，自有紀錄以來已超過千人挑戰成功。海峽最短的距離是二十一英里（33.6公里），是世界上最繁忙的航道之一，每天有超過五百艘貨船穿過航道。它也是世界上擁有最大的潮汐變化的海峽，海峽間快速的強勁海流，往往使挑戰者需要游更長的距離。根據專家勘查和泳手橫渡後的報告，泳道距離是在六十到七十公里之間。

二　愛爾蘭北方通道（North Channel）

　　愛爾蘭北方通道盛產獅鬃水母，獅鬃水母是世界上體型最大的水母之一，被牠觸碰到就像被大黃蜂螫刺一樣痛苦，因而讓穿越海峽更為困難。計算海流後，愛爾蘭北方通道的游泳路線長度介於十一至二十一英里間（17至33公里），挑戰成功的機率低於三分之一，目前只有約一百三十多位泳手完成這個挑戰。

三　直布羅陀海峽（Strait of Gibraltar）

　　直布羅陀海峽，是七個海峽挑戰中，距離最短的，剛好位於地中海與大西洋的交界處，是歐洲與非洲最接近的位置。雖然最短距離只有八點九英里（14.2公里），但因為地理位置，有強勁的海流，東部水流平均為三節（每小時5.5公里），不是最好的挑戰路線。而泳手在穿越海峽時，會遇到大量的鯨魚、海豚與船隻，更增加了挑戰的難度。根據統計，目前只有約五百到六百名泳手挑戰成功。

四　紐西蘭庫克海峽（Cook Strait）

　　庫克海峽位於紐西蘭南島與北島間，距離約為十四英里（22.4公里）。由

於低水溫、大量水母與鯊魚，庫克海峽挑戰具有極高難度。

根據統計，目前約只有不到兩百名泳手，能夠完成這個挑戰。

五　夏威夷莫洛凱島海峽（Molokai Channel）

在夏威夷群島之間的海峽游泳，是開放式水域游泳愛好者喜歡的挑戰。

其中公認難度最高的是瓦胡島與莫洛凱島間的海峽游泳。雖然當地水溫溫暖，適合游泳，但由於距離較長，約為二十六英里（41.6公里），期間更有鯊魚等大量具危險性的海洋生物，因此是世界公認難度最大的挑戰之一。

六　卡塔利娜海峽（Catalina Channel）

卡塔利娜島位於加州外海，自一九二六年舉辦過不止一次的海渡比賽後，卡塔利娜海峽這條二十一英里（33.6公里）的路線就廣為人知，成為大家喜歡挑戰的項目，至今已累積數百人完成這個挑戰。但由於強勁的海流與海風，加上加州外海豐富的海洋生物如鯊魚、海鮓，因此橫渡的難度甚高。

七　津輕海峽（Tsugaru Strait）

日本本州與北海道之間的津輕海峽，以強勁海流聞名，海峽的寬度為十二英里（19公里），挑戰難度也很高。

津輕海峽最初的挑戰者是當時二十一歲，正就讀日本國士館大學三年級的學生中島正一。年輕的鬥士在一九六六年下水，雖然中途一度抓著船休息，卻仍成功橫渡。中島之後曾經橫渡世界二十一條海峽，傳播對橫渡海峽的意義和人生價值。

而另一位日本女性，青森市的鋼琴教師尾迫千惠子，在一九九四年的八月六日，從今日中泊町的權現崎下水，經過十二小時二十八分鐘後，於松蒲福島町登岸。

　　直到一九九〇年七月，美國人尤多文（David Yudovin）成為首位成功橫渡津輕海峽的外國泳手，之後美國史提芬（Steven Munatones）也成功橫渡。

一望無際的英倫海峽

序幕

從拜倫先生的海峽橫渡開始，這位浪漫主義詩人，儘管身為落難貴族，卻展現出對浪漫和冒險的無窮熱情。他不僅以行動致敬傳說中的愛情，更激勵後世以勇氣和決心面對挑戰。拜倫的故事，是對自我挑戰與追求理想的完美演繹。

　　橫渡英倫海峽，不僅是對體能的考驗，也是對意志的挑戰。不論是單人橫渡或接力挑戰，每一次的橫渡都是對人類極限的探索。

　　特別是香港四位追夢者的故事，他們不畏艱難，跨越自我，向世界展示了香港人的勇氣和堅持。

團隊於淺水灣練習時留影

在二〇二三年九月六日追夢的四位香港泳手：

≋ 隊長　鄭麗珊（Eliza）第一棒

隊長　鄭麗珊（Eliza）

Eliza是香港執業律師、國際公證人、中國委託公證人及香港體育學院董事局現任成員。

Eliza是領頭的大姐姐，意志堅強，擁抱可以橫渡世界上所有海峽的決心。作為一位律師，她的生活早已足夠忙碌，但她仍然選擇追求極限運動的夢想。她的堅持不僅是對自我能力的挑戰，更是對生活態度的一種展現。從游泳賽場到法庭的辯論，再到浩瀚的海峽，她用行動證明，年齡和職業從未成為追夢的障礙。

以游泳接力方式橫渡中國海南的瓊州海峽及蘇格蘭的尼斯湖，都是她曾經完成了的夢想。

對Eliza個人而言，橫渡英倫海峽最大的感覺，就是每個人的一生心路，固然應該有自己的夢想，不分年齡，不分老邁層次。

彷彿一刻甦醒時，喜見自己還擁有無可言喻的追夢空間。

Eliza對游泳的熱愛追求可以追溯到她的童年年代，由她最敬愛的父親所啟蒙，從八歲開始，父親在維多利亞公園游泳池教導Eliza游泳，在維多利亞公園的長凳上一同分享美食，享受父女兩獨處的快樂時光。

學生時期的Eliza（第一排左三）

Eliza中學時入選香港游泳隊（左一）

Eliza中學時入選香港游泳隊，一九八四年亞洲錦標賽上與隊友（吳家樂、符梅及黃加菲）取得4×100米自由式接力賽銀牌，同時打破香港紀錄。

中學畢業後，她以優異的成績考進香港大學法律系。

作為港大泳隊女隊長，曾代表港大於一九八八年及一九九二年參加四國大學生運動會，與來自印尼、馬來西亞和新加坡的大學生運動員競技，並在一九八八年四國大學生運動中獲得選美冠軍（Miss TIG）。

Eliza於二〇〇九至二〇一二年獲香港大學法律學院委任為兼職講師，教授法律專業證書課程（PCLL）學員有關人身傷害訴訟選修課程。

Eliza曾被本港司法機構委任為地方法院暫委法官（2016年12月）及高等法院暫委司法常務官（2018年9月），處理民事審訊判案。

Eliza亦為香港律師會曾擔任多項公職，包括：香港律師會會員服務常務委員會副主席、人身傷害訴訟委員會成員、執業管理委員會成員、公共政策委員會成員康樂及體育委員會主席及香港專業團體康體會作為香港律師會代表等。

Eliza曾獲委任為戴麟趾爵士康樂基金委員會委員。此外，Eliza亦獲香港政府委任為香港體育學院董事會的現任成員，在這一職位上，Eliza能夠為香港的體育發展做出貢獻。

Eliza在今年一月份獲推選成為香港國際公證人協會副會長，積極為香港法律界服務。

Eliza亦是香港律師會游泳隊榮譽隊長，積極推廣游泳活動。今年一月份Eliza獲香港游泳教練會頒發二〇二三年度最佳體育精神獎，表揚她多年來積極參與並推廣游泳活動。

香港游泳教練會二〇二三年度周年頒獎名單：

最佳教練：　　　　　　傅延浩

Harry Wright教練紀念獎：崔瑋俊

最佳分齡教練獎：　　　陳燕燕、蔡曉慧、雷茜

最佳游泳運動員：　　　何甄陶（男）、何詩蓓（女）

最進步游泳運動員獎：　麥世霆（男）、張心悅（女）

最佳新秀獎：　　　　　劉建希（男）、莫思騏（女）

體育精神獎：　　　　　鄭麗珊

獲頒香港游泳教練會二〇二三年度周年「體育精神獎」

二〇二四年一月二十六日於香港體育學院舉行頒獎典禮，Eliza很榮幸獲頒發「體育精神獎」，
這個獎項是對Eliza多年來對游泳的熱誠及個人努力的肯定，她很感恩。

努力追求夢想

Eliza熱愛極限運動，勇敢橫渡海峽，走出舒適圈，嘗試各項新的游泳挑戰。她不只自己追求夢想，亦帶領更多香港先進游泳運動員一起追求夢想，挑戰極限。

Eliza曾與車偉恒律師和黃宇正律師於二〇一八年八月四日組成接力隊伍，成功橫渡瓊州海峽，創造香港泳壇歷史。由海南島海口市游泳橫渡瓊州海峽至雷州半島的徐聞縣，他們三人共花了九小時四十八分鐘，完成了二十四點四公里的非凡之旅，成為首批完成這項壯舉的香港泳手和香港接力隊！

成功橫渡瓊州海峽後，她進一步橫渡被稱為「開放水域泳界的珠穆朗瑪峰」的英倫海峽。

Eliza於二〇二〇年九月六日與車偉恒律師及黃宇正律師搭檔組成的泳隊，成為香港首隊全由香港本地泳手組成橫渡英倫海峽的接力隊伍。從英國多佛出發至法國維桑約三十五公里的距離，由於潮汐和強風，實際泳程超過六十二公里，他們在攝氏約十五至十六度的水溫中，耗時十三小時四十八分，創下香港泳壇歷史。這次經歷激勵了Eliza，她希望與更多香港游泳愛好者分享這種震撼人心的體驗。

Eliza還曾與三位隊友（麥震江、吳慶華及梁俊曦）於二〇二二年七月一起組成本港首支接力隊伍，成功以接力方式橫渡蘇格蘭尼斯湖。該挑戰全長約三十六公里，平均水溫僅攝氏十三至十四度。她邀請了游冰水經驗豐富的麥震江作為隊友，麥震江曾與其他三名捷克男泳手於二〇一九年一起創下四人接力橫渡尼斯湖的世界紀錄。原定於二〇二一年八月橫渡尼斯湖，但因英國疫情而延期至二〇二二年七月，Eliza樂觀地看待這一延遲，認為有更多時間準備。四人香港隊伍最終成功以十一小時二十九分完成接力橫渡尼斯湖，創下四人混接力的世界最快時間，並由英國長途協會記錄在案。比二〇一九

Eliza成功橫渡瓊州海峽

二〇一八年八月四日，Eliza與香港兩位男律師（黃宇正及車偉恒）
成為首支成功完成橫渡瓊州海峽的香港游泳接力隊。

年由四名男泳員創下的舊紀錄十一小時三十八分鐘二十秒還快了九分鐘。

與英倫海峽及其他馬拉松游泳相比，由於尼斯湖水溫較寒冷，比較少泳手會嘗試泳渡。

二〇二三年臺灣成人分齡與青少年游泳錦標賽暨國際邀請賽圓滿結束。比賽於十月二十一日至十月二十二日在臺北青年公園游泳池舉行。

這次比賽Eliza贏取了四項個人冠軍（50／100／200／400米自由泳），並與隊友一起獲得了4×50米自由式接力冠軍以及4×50米四式接力季軍。

Eliza在五十米自由泳、一百米自由泳和四百米自由泳三個項目中均打破了大會的紀錄，並獲得三對Arena Handpaddle作為禮物，部分項目比二〇一九年時她創下的舊紀錄還快了一些。

女性力量的象徵

作為一位忙碌的職業女性，Eliza不僅在工作上取得了成功，也在個人追求上打破了對於女性能力和角色的傳統觀念。

她發覺訓練是減輕工作壓力的好方式。對她而言，運動時產生的安多酚能推動她繼續向前。

作為兩名二十二歲孿生孩子的母親，Eliza從未停止追尋新的目標及挑戰。第一次成功橫渡英倫海峽後，計劃再次挑戰。

這是她的第二次游泳隊伍，Eliza邀請了Leo、Melody和Fannie加入挑戰。

Eliza於臺灣成人分齡與青少年游泳錦標賽暨國際邀請賽贏得四項個人冠軍

第四十八屆元旦冬泳拯溺錦標大賽冠軍

香港拯溺總會於二〇二四年一月一日舉行第四十八屆元旦冬泳拯溺錦標大賽,由港島中灣游至淺水灣堤壩,全程約六百多米。Eliza在她的競賽組別中獲得冠軍。

家庭的愛與支持

由於工作非常繁重，Eliza只能於在周末周日抽空訓練，每次約游五至六公里，以保持最佳狀態。在應付海峽挑戰上，這些有限的訓練實在是不太理想，Eliza只能寄望在退休後才能夠抽更多時間接受訓練。

除了丈夫的支持，Eliza的孩子及父母也在她追逐理想的路上發揮了重要作用，在她準備和挑戰橫渡英倫海峽的過程中，家庭成員的支持是她不可或缺的精神支柱。

一家三口參加游泳比賽獲得佳績

游泳聯繫了Eliza家族三代，父母與孩子能夠一起參加游泳比賽，是Eliza視為最寶貴和無可取代的經歷，絕對是值得珍惜的美好回憶。

Eliza回憶起二〇一六年與父母參加新加坡分齡泳賽的時光。當時她的父母分別為八十五和七十六歲，但三人仍一同贏得二十三枚獎牌。她的父親九十二歲高齡，仍不停鍛鍊，多年來堅持游泳以及到公園運動。這樣的運動精神深深影響了她，她的運動熱情同樣傳承給了下一代，Eliza的子女也很喜歡運動，是學校排球隊的活躍成員。

隨著年齡的增長，Eliza反而更享受冰冷海水和湧浪帶來的挑戰，她笑著說，除了懷孕期間，她從未停止過游泳，並計劃持續參賽，以延續她的運動生命。

她的夢想是希望一直參加游泳比賽到八十歲。

Eliza仍保持一股青春氣息，目標堅定，充滿正能量！

給予Eliza支持的家人

Eliza的兩名孩子（Ryan & Clarice）於二〇二三年七月自英國Durham University大學畢業，現正在英國攻讀碩士課程。孩子長大了，讓Eliza有更多時間參與游泳訓練及比賽。

Eliza與最敬愛的爸爸媽媽

Eliza與最敬愛的爸爸媽媽合照,在人生旅途中她的父母給予她無限愛護與支持。

Eliza對游泳充滿熱誠，勇於嘗試各項新的游泳挑戰

≋ 隊員　張敏靈（Melody）第三棒

Melody是香港卡地亞市場客戶服務高級經理。

橫渡英倫海峽是Melody人生中捕捉入暮前的一束時光，也許和海狗、海豚共游一海，對她而言是最好的人生禮物。

由二〇二〇年十一月開始，Melody與隊友每個週六、週日清早，無間斷地由東涌前往淺水灣進行游泳練習，不論風吹雨打或嚴寒天氣，都堅持出席練習。

她是傑出的海賽泳手，在海水上面浮力極佳，正如澳洲三屆世運冠軍傳利莎所說：

「在海賽中，浮力是致勝條件之一。」

所以Melody極適宜在海浪中游弋比賽，曾經多次獲獎，也累積如何和海浪搏鬥的經驗。

晴雨風疾，隆冬蹤有初雪，沙凍堤濕，霧從今朝白，一切都難不倒這個泳手。

感謝相公及父母在背後默默守護及支持。完成橫渡後，Melody貼上億萬個感謝。

隊員　張敏靈（Melody）

🪼 享受生活品味的泳手

張敏靈出身於文化藝術氣氛甚重的家庭，母親是香港資深的編輯，長年負責過幾份報章的編務，

默默守護及支持Melody的家人

Melody與父親及朋友合影

也是知名度甚高的專欄作家。

父親是著名的詩人和作家，六十年代至今，不斷有作品面世，更特別的是，他在六十年代，已經是香港游泳公開賽和網球公開賽的泳手和球手，在六七十年代代表當年的名牌泳會，勵進游泳會出賽，到了今時今日，仍然年中無休，參加香港先進泳賽。

Melody童年時其實很抗拒游泳，如果不是父親的泳友，泳會的泳手，常常來家中作客，慢慢引導她走入泳池海灘，由不甘做一條長泳於海的鱒魚，稍後終於死心塌地，愛上了影響她餘生的游泳，甚至是樂於和海豚共舞，原動力其實來自她的生命力和命途際遇，多於來自她的泳手父親，與其說是她重視健康之路，不如說是她內心積儲的火花，在某段生命之驛站，突然激發了她潛藏的心願，這次橫渡，她變成了一條順緣而來的大魚。

張敏靈的游泳之路，是尋常泳手的起點，她沒有很快就愛上了水，相

Melody於多次游泳比賽中榮獲冠軍

反，她初期的比賽，都帶點猶疑性，雖則在她的年齡組別，也取得了顯著的成功。

她讀書期間也是如此，是澳洲中學時的校隊，回來時，游泳只是她生活中的品味，等待另一次緣起。

緣起不是佛系，是等待際遇的變化，際遇是四季必臨的陽光晴雨，一次偶然的機會，她的父親通過Facebook重新連接了舊日比賽的朋友。

在遠離運動二十多年後，再次嘗試參加游泳比賽。

而她重返賽場所取得的令人滿意的成績，激勵了她繼續儲存的夢想，若說她少年時對游泳沒什麼心願，獎牌不夠多，在泳池的操練是艱苦孤寂。

突然跳出這個範疇的想法，是海灘，電影中的浪漫感，風浪和拍岸的濤響呼叫，把她帶入海中，雖然怕黃昏後的夜海，千濤下的詭祕，深邃的魚叫，像愛倫坡小說的嚇人橋段，但激發了她越是存疑，越喜歡尋根到底的好奇心性。

新冠疫情帶來了許多挑戰和干擾，迫使她不得不在開放水域進行訓練。

一次在海賽中遇到了Eliza，這次緣起，終於找掘出她意識深處，一個懸而未結的夢想。

還有其他的夢嗎？

每一條海峽，每個可解千愁的湖川，都是可以尋夢的游弋，她如是想。

沒有太大的野心和征服感，是她獨特而平凡的性格，她不是先天下之憂的品牌人種，在憂和樂的時刻，她常常找到和生活環境，人脈網絡之間的相處之道，海洋和魚類，波濤和變幻的環境，和陸地何其相處，所以又有甚麼難度？

Melody在二〇二三年香港公開冬季錦
標賽獲得先進女子組冠軍

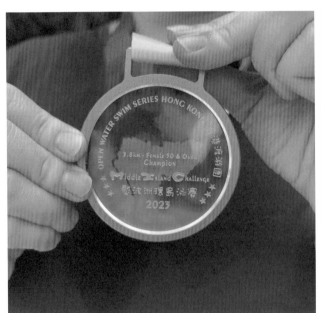

Melody獲得熨波洲環島泳賽女子分齡競賽組別冠軍

二〇二三年七月，Melody在淺水灣公開水域之熨波洲環島泳賽中，獲得女子分齡競賽組別冠軍。

　我們曾經橫渡英倫海峽

Melody於各游泳比賽中取得佳績

回家後跟親人分享喜悅，感覺美好

≋ 隊員　劉桉瑜（Fannie）第四棒

Fannie是香港註冊物理治療師，亦是香港大學校友，二〇一〇年自香港大學中醫課程畢業。

Fannie從泳池走出沙灘，適逢緣起，認識了隊長Eliza。

開始時還以為橫渡英倫海峽是易事，僅需要應付在黑暗中游泳及低水溫的問題。於是她投入練習，於泳池、健身室進行體能訓練，週而復始，樂於此。

每星期完成約二十至二十五公里的游泳距程，不穿保暖衣，堅持在低溫的海水中練習，過去大半年，風雨不改，練習不斷，這就是可以把男性泳手比下去的劉桉瑜。

只是受到童年陰影的影響，在黑暗中游泳會產生恐怖和頹喪的心理，直至出發前，她的心情依然沉重。

橫渡英倫海峽期間，隊友一直在船上吶喊支持及打氣，讓她終於走出這個陰影，證明勇者無懼。

從來沒有想過自己會橫渡英倫海峽，這只是一個氣球式的夢想，三年之前，徘徊於她抬頭可見的雲端。

疫情的頹喪日子，找個合拍的海上夥伴吧，Melody從泳池轉到沙灘訓練，好點子呀，和Melody去淺水灣操水，看看海浪，摸撫冰凍的沙石，繼而認識了隊長Eliza。

她們對橫渡英倫海峽很期待，不是容易拿夢想可以形容，可能是每個人的里程碑吧。

和她們訓練，其實沒有太多想像空間，她初時只知道可能賺一點點名氣

隊員　劉桉瑜（Fannie）

合拍的海上夥伴：Melody, Fannie與Eliza（由左至右）

吧，當然應該辛苦，極辛苦，還需要克服自己心裏，由童年時期就害怕的黯黑及寒冷。

她想，應該跟參加長程三項鐵人比賽、全程馬拉松、環島跑，自由潛水，這些運動差不多嗎？藏在另一個維度的自己，每次操水都衷心地告訴她：別怕，可以成功的。

夏天是她的一生貴人，朝氣、溫暖，她很喜歡夏天的正午時分，出一身汗臭，更能感受到太陽嘅溫暖，曬太陽，是假期的最好節目，能曬一生一世，是她的福氣。

她說：「即使在冬天也是冰冷的，黯黑的海底浪濤之下的寒冷，總會給予她孤獨、無以名之的驚恐。」

她想，隊友的鼓勵及支持，是強於仲夏的另類陽光，於是信心像潮湧，可以成功的。

答應隊長，就開始艱苦的訓練。

熱衷於運動比賽的Fannie

Fannie與海豚、海龜共游

　　她很投入，一星期五天練水，上健身房，不穿保暖衣到沙灘游水，習慣水的低溫，面對水寒如雪，信念始終如一。

　　有次溫度攝氏九度，海水攝氏十四度，兩小時泡在水中，整個人發抖，沖身時仍然發抖，在車子內繼續發抖，即使熱水浸了半小時，全身仍然發抖。她開始服用中藥調理身體，咦，感覺好像沒太辛苦了（笑）。

　　以為知道怎樣面對寒冷，曾經滿心歡喜，但真的面對黑夜和熟悉如好友的海洋時，卻無法克服。

　　為什麼害怕黑暗的環境？

　　想起老師的說話，也記起精神科醫生，也是她海上同行泳友的說話：人生不會完成所有夢想，但不可以停止夢想。

　　完成橫渡時，心中如釋重負，也不需要向誰感恩，這是她自己的戰鬥，戰勝長久以來躲藏在意識深處的恐懼，把暗黑的怪獸趕走，真是最有價值的夢想。

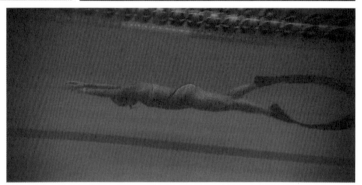

信念始終如一的Fannie

≋ 隊員　陳利（Leo Chan）第二棒

隊員　陳利（Leo Chan）

Leo是運動周邊產品代理LRT的創辦人。

Leo擁有政治科學和商業管理的學位，他是Leader Radio Technologies Limited的創始人兼首席執行官。

在體育領域，Leo是一名熱愛馬拉松及三項鐵人挑戰的運動員，在各項馬拉松及三項鐵人比賽中努力面對了艱苦的耐力考驗。他經常參加鐵人三項賽和長距離開放水域游泳活動，展現他對身體體能挑戰無極限的追求。此外，Leo還積極服務於香港體育界，特別是支持身體殘疾的運動員。

Eliza於二〇二一年二月邀請Leo入隊。兩年來，他非常努力練習，需要常在漆黑一片的海灘進行夜間游泳訓練，特別增重二十磅，以抵禦寒冷的海水，二〇二三年四月更特別參加了西班牙巴利阿里群島的十天冰水游泳訓練營提高游泳技術。

成功橫渡英倫海峽的四位泳手

Leo橫渡時是第二棒，反而變成團隊中最後登陸法國多佛爾的泳手。

穿過了漂亮如流蘇般的藍色水母，到達法國岸灘終點，收穫鼓掌及熱烈歡迎。

也捧起了四位泳手的夢想。

揭開序幕

由英國多佛（Dover）到法國加萊（Calais）是英倫海峽（English channel）最窄之處，全長約三十四公里左右。

由於浪頗大而且可能藏有暗湧，整個橫渡游泳過程，其實等於六十多公里，接力游畢整個海峽大概需時十四、十五小時。

英倫海峽的形狀像迎風的袖子，所以另一名稱是袖子海峽。

英倫海峽在近代歷史的可觀處，是一九四四年六月六日，引入以美國為首的聯軍，反攻納粹德國，在法國諾曼第登陸。

在英國歷史中，英倫海峽最偉大之處，無過於在一五八八年七月二十一日到八月八日，西班牙的無敵艦隊，直入海峽，意圖將英格蘭帝國變成西班牙的領土，在海峽大戰英國和荷蘭艦隊。真是叨天之幸，一陣怪風，打亂了西班牙的艦隊布陣，英國和荷蘭憑著不可思議的運氣，以少勝多，西班牙全軍覆沒。那個時期是都鐸王朝最後一個英國君主——伊莉莎白一世（Elizabeth I）在位，世稱童貞女王，她的一生就如英倫海峽一般，都是傳奇，不如說她是傳奇女王。

正式記錄中，英國船長韋布（Matthew Webb）在一八七五年八月二十四日，獨自一人游了二十一小時四十五分，成為首位成功泳渡英倫海峽的人，當時的水溫是攝氏十六度。

那年代年紀最大的泳手，五十八歲的游泳教練詹姆斯‧康西爾曼（James Counsilman），在一九七九年，上午時分下水，時長為十三小時十五分，放諸今日，也是一個極好的時間。

有個舉世難以相信的海峽記錄。

美國女性泳手，三十七歲，剛剛治好癌症的莎拉‧湯密斯（Sarah Thomas），在二〇一九年九月十七日，連續四次不停地橫渡英倫海峽，一共

游了五十四小時，二一〇公里，比五十次不斷的雷響更令人難以置信。

上岸後，固然疲累不堪，她說：「本來想在中途放棄，但看見旁邊的船上有人揮動國旗，氣力頓然而生。」可以如此長游，相信海峽裏所有的魚類，都記得這位來自科羅拉多洲的女子泳手。

在一九二三年之前，橫渡英倫海峽，是男性泳手的天下，被認為只有男人的能力才可以做到。

稍後，美國的女子泳手傑楚德‧伊德（Gertrude Ederle），在一九二六年八月六日，於法國加萊登陸，不但全程順利，還縮短了以前男泳手兩小時的記錄，徹底打臉。

不是每個泳手都如此順利，有個誓言要游畢全程的泳手，在不見前路，能見度奇低之下，再不能游前半尺，而被迫放棄。第二天有人告訴他，其實當時只距離終點不到一百碼。雖然令這位泳手很喪氣，但是也做了一件好事，他寫了一封信給後來的泳手，鼓勵他們永不要放棄。

不要以為橫渡英倫海峽，對於經過嚴格訓練的泳手是易事。一般的比賽是泳池和海賽，有些好朋友是池賽、海賽的好手，但持久的海峽之泳，是建立自己的追夢之旅和里程碑，重點是先克服在海內的恐懼。

國際間的比喻，橫渡英倫海峽，值得和登陸喜馬拉雅山山峯相提並論。但至今成功橫渡海峽的泳手，不足一千兩百人，是喜馬拉雅山的成功登頂者的百分之三十五，其中女泳手是所有泳手的百分之三十三。

對於泳手而言，海的千潯，下面有甚麼？良善的游魚、或是潛伏比鬼魅更可怕的生物？

形而上和形而下，獨泳時面對的黑暗，是否比史提芬‧金（Stephen Edwin King）和愛崙‧坡（Edgar Allan Poe）的小說，更具心理上的挑戰？

英國船長韋布（Matthew Webb）紀念碑

四位泳手與英國船長韋布（Matthew Webb）紀念碑合影

海浪不足畏，暗湧不必怕，但是海峽永遠很頑皮而且幽默，不是由準備橫渡的泳手揀選下水的時間，相反地，是海峽脾氣好，充滿浪漫情懷，稍稍浪靜無濤的時候，才讓泳手在虛擁下橫渡，也許激情的時候，會拉住泳手的腳。

所以全程雖然是三十四公里，有些泳手會以之字式的方法，游了六十或七十多公里，甚至更長更慢。

橫渡英倫海峽，最慢的個人時間，是二十八小時四十四分。

英國五十六歲的女子泳手，潔琪·可貝爾（Jackie Cobell），刻苦地訓練了五年，在橫渡時為了避開暗湧，游了一〇五公里，創下最慢的記錄。

橫渡海峽，除了基本的泳術，體能和耐力是成功的因素，但還有一個最重要的要求，是心理素質。

橫渡海峽失敗放棄的泳手人數也不少，其中一個美國泳手亞歷斯（Alex），他本身是成功的池賽泳手，在池賽沒什麼問題，但一入海面，有主的六神登時少了三神。

他本來的心意，是克服自己對海的畏懼，用了三年的時間，在本土海灣訓練，晚練日操，以為帶著足夠的安全感，就可以橫渡另一個陌生的海峽。

結果相反，正式橫渡英倫海峽的當日，在還有三分之一的海程時，終於敵不過內心對黯黑水底的恐懼，只能放棄上船。

他說：「純粹是內心的反應，無可解釋的恐懼越來越大，好像平時在腦中的怪物，立即就在身邊出現，只有喝令自己馬上投降。」

橫渡海峽的條件，雖然苛刻但不過份，水溫平均在十六十七度，不准穿保暖膠衣下水，也不能中途攀船。但害怕黑暗的海裏所潛伏、可以嚇死自己

的東西，似乎是某些人的本性，譬如怕高怕死。

能夠橫渡海峽成功，不但是追夢，而是打敗了更強大的敵人——自己。

運動界多是追夢的人，追奧運獎牌、世界記錄，向難度挑戰，把自己的名字列入歷史紀念冊，諸如此類。

問過很多喜歡挑戰自己的運動員朋友，但沒有人能夠說出全面的答案，也許是一直潛藏的人類天性，喜歡上天入地，探索不可言喻的神祕之境。

二〇一四年的八月，澳洲泳手包多克（Cyril Baldock），以七十歲的高齡，打破最老橫渡英倫海峽的記錄，這是他第二次的追夢行動。

第一次下水，是在一九八四年十月，他說那次是替他的游泳教練完成遺志。亦師亦友的教練，本來已準備橫渡英倫海峽，卻無法通過體檢，更因心臟出現毛病，在下一年逝世。臨走之前，請他承諾把心願帶到加萊。

果不其然，這個乖徒弟在登陸的第一件事，就是把他的教練的名字，放入空樽內，埋在加萊的沙堆。

第二次是因為他的孫子，對他說：「你可以再游一次嗎？」

他心想："Why Not?"

於是坐而起游，在十五個小時內完成全程，證明老人家有心有力。

橫渡英倫海峽，是否要經過嚴格的訓練？

對，想追夢或建立自己的里程碑，豈能不付出代價，況且由申請參加，要經過幾個關口，否則有機會準備在海峽千濤之下，暫居或領取居留證。

不可不提，二〇一〇年，有位法國泳手菲利普·克羅伊松（Philippe Croizon），以不到十四小時的時長，完成橫渡全程。他的特別之處，是他曾

在一九九四年的一次電力事故中失去了雙臂和雙腿，但他發心，要向另一位殘疾女子泳手學習，追尋這個幾乎不可能實現的夢想。

更特別的是，他不懂游泳。

於是由頭苦練，以義肢取代撥水踢腳，找教練由最基本學起，歷經地獄式訓練，使用貼在臉上的通氣管以及一些專門設計的假肢腳蹼橫渡英倫海峽，海峽終於向他屈服。

有比這樣更勵志的真實故事嗎？

橫渡英倫海峽的極高風險

像任何極限運動一樣，橫渡英倫海峽也存在風險，多年來有超過十名泳者在嘗試橫渡時不幸喪生。

人們死於橫渡英倫海峽，是因為他們不願放棄，直到為時已晚。

這些人敢於嘗試，雖則追夢不成，但胸臆勇氣浩瀚如海，值得向他們衷心致敬：

≋ 一九二六年　魯德里格斯・德・拉拉

一九二六年，來自西班牙的魯德里格斯・德・拉拉，成為首位嘗試在橫渡英倫海峽時溺水身亡的人。

≋ 一九五四年　愛德華・J・梅

據報導，一九五四年九月八日，英國人愛德華・J・梅獨自從Cap Gris Nez出發前往英格蘭，但未有陪同的引航船隻，且違反官方建議，不幸罹難。他的屍體數週後在荷蘭被發現。

≋ 一九八四年　庫馬爾·阿南丹

一九八四年，斯里蘭卡游泳選手庫馬爾·阿南丹在挑戰橫渡時去世，享年三十六歲。法醫理查·斯圖特於調查後，建議橫渡英倫海峽的人應出示健康證明。自那時起，所有嘗試橫渡的泳手都必須提供醫療證明。

≋ 一九八八年　雷娜塔·阿貢迪

巴西游泳選手雷娜塔·阿貢迪，二十五歲，來自聖保羅，在一九八八年八月二十三日從Dover開始橫渡，卻於法國海岸外約八英里處身亡。此事件引起引航船上誰有最終責任終止泳手游泳的爭議，因此，相關單位制定了一系列指引，確保引航船船長成為決定泳手是否能夠繼續留在水中的人。

≋ 一九九九年　法斯塔·馬林·莫雷諾

一九九九年八月二十日，墨西哥游泳選手法斯塔·馬林莫諾，不幸於英國到法國的橫渡過程中溺水身亡。

≋ 二〇〇一年　烏埃利·施陶布

二〇〇一年八月十一日，瑞士游泳選手烏埃利·施陶布，三十七歲，從多佛游泳了十六個小時後，在法國海岸外大約一英里處消失。六天後，他的屍體在奧斯坦德附近的海中被發現。

≋ 二〇一二年　帕拉克·凱西

帕拉克·凱西，四十五歲，是愛爾蘭科克市的Sandycove游泳俱樂部的成員，他於二〇一二年七月二十一日上午九時十三分開始游泳，並於二〇一二年七月二十二日凌晨一點半左右開始感到身體不適，當時距離法國海岸僅一公里。在船上的工作人員和法國救援直升機上的醫務人員為他進行了復甦急救，但未能成功。

≋ 二〇一三年　蘇珊・泰勒，蘇珊泰勒

三十四歲的蘇珊・泰勒毅然辭去工作，接受游泳橫渡英倫海峽的訓練。卻於二〇一三年七月十四日，挑戰游泳橫渡英倫海峽、籌集慈善款項時，在距離法國海岸一英里處因急性心肺衰竭去世。

≋ 二〇一六年　尼克・托馬斯

尼克・托馬斯，四十五歲，在二〇一六年八月二十七日距離到達法海岸不到一英里時失去意識。雖然他被從水中救出來後立即得到支援團隊的復甦急救，並加萊港接受了醫護人員的治療、被送往醫院，最終仍在八月二十八日清晨去世。根據報告，他在水中待了十六個小時後死於心臟病發作。

≋ 二〇一七年　道格拉斯・韋馬克

道格拉斯・韋馬克來自切爾滕納姆，於二〇一七年八月七日在游泳途中體力不支。他被直升機空運到阿什福德的威廉・哈威醫院，後來不幸去世。他參加了Enduroman Arch 2 Arc三項鐵人賽，事發前從倫敦馬賽門拱廊跑了八十七英里到多佛，才開始橫渡英倫海峽。

≋ 二〇二三年　艾恩・休斯

艾恩・休斯，四十二歲，是英國西米德蘭茲消防局的消防員，在二〇二三年六月二十日早上出發，為心臟基金會、空中救護機構和消防員慈善機構籌集兩萬一千英鎊，並有一艘引航船陪同。不幸的是，在進入法國的最後一段海面時，他遭受風浪侵襲，被迫偏離原本路線，在法國海域失蹤，而他的屍體被沖上比利時海岸。

這宗死亡事件是在香港四位泳手前往英國橫渡英倫海峽的兩個多月前發生的。因為引航船上有支援團隊協助泳手橫渡，且在船上安裝了CCTV觀察泳手狀況，眾目睽睽之下，英國泳手仍然在大海失蹤，這消息令人震撼！此

消息令隊長Eliza十分擔心，擔憂團隊泳手的安全，亦擔憂隊員的家人是否會同意隊員繼續前往橫渡英倫海峽，經團隊內部商量後，決定全面封鎖此消息，不敢告知家人，以免他們擔心。

在橫渡英倫海峽過程中導致泳手死亡的具體原因很難確定，但可以猜測，在最後幾分鐘中，泳手本身堅定的意志和生理狀態之間發生了鬥爭，而堅定的意志及好勝心理讓泳手在身體極度不適的情況下，仍然逞強堅持下去，卻失去了寶貴生命。

橫渡英倫海峽的健康風險

≋ 一　低溫症

對於長距離泳手而言，最大的敵人是寒冷的海水。

輕度低溫症會令泳手感到寒冷，呼吸和脈搏增加，肌肉協調失調，思維和語言減慢，以及顫抖。顫抖停止時，會產生肌肉協調失調，低血壓和心律過緩導致混亂、昏睡和昏迷。隨著核心體溫降低、心肌刺激性增加、心律不整，輕度低溫症亦可能發生在攝氏三十二度時，這可能是橫渡海峽游泳者突然死亡的原因之一。

一旦泳手離開水域，他們面臨著「下降現象」，在寒冷環境下，身體通過收縮皮膚和四肢的血管來保護重要器官；一旦離開水域，血液返回四肢，導致皮膚和核心體溫下降。

橫渡海峽比較和暖的時期是九月，此時水溫平均為攝氏十六至十八度，但只有十三個小時的日照。在夜間進行游泳需要照明設備。

≋ 二 游泳誘發的肺水腫

健康人士在寒冷水中進行高強度游泳，可能會引起游泳誘發的肺水腫，肺水腫表現為逐漸出現的呼吸困難、咳嗽、呼吸急促、咳血和缺氧引起的混亂。其具體原因和長期效應尚不確定。這被歸因於一系列因素的結合，導致肺毛細血管壓力增加：寒冷誘發的血管收縮、運動引起的肺血流增加，以及寒冷水中浸泡增加的壓力（通過中央血液積聚增加心臟前負荷）。

≋ 三 暈船、嘔吐和缺乏能量

暈船有時會像影響船上乘客一樣，嚴重地困擾泳手，但若吞嚥海鹽水或泳手所喜歡的液體補給品，卻可能會促使嘔吐。嘔吐會阻礙泳手維持體液和能量攝入，最嚴重的程度會導致食道潰瘍。偶爾喝一些濃糖茶或果糖似乎更有所幫助。

≋ 四 水母

海峽兩條航道之間的分隔區域常有水母聚集。常見的白色月亮水母（Aurellia aurita）通常感覺像游泳時碰到的橡膠塊，但可能會引起疼痛。游泳者可能會在海峽遇到獅鬃水母（Cyanea capillata）。

水母的毒素引起的感覺類似蕁麻或蜂蜇。在某些情況下，毒素可能影呼吸和心臟功能。目前已知有人因水母而死亡，但在海峽中尚未有此類報告。

有些男性游泳者會留鬍子來保護他們的臉部。而關於防曬霜是否能夠防止被水母蜇傷，仍然存在爭議。

≋ 五 嘴巴的鹽分

鹽分會黏在口腔內部和舌頭表面，使得品嚐食物變得困難，甚至可能會阻止咽嚥。使用稀釋的漱口水，或者於游泳期間進食甜食可以有所幫助。

≋ 六　眼瞼刺激

如果眼睫毛過長，反覆刷過泳鏡鏡片，眼臉會因刺激而感到疼痛。因此一些長距離泳手會修剪他們的眼睫毛。

≋ 七　肩膀疼痛

肩膀疼痛時，泳手會將布洛芬或撲熱息痛放入杯中，並用流質補給品沖下，這也是進食計劃的一部分。

≋ 八　其他困難

海上有漂流物、海浪、水草、水母、甚至是偷渡難民的船隻。無聊和疲勞會影響泳手的思緒，因而船上的團隊至關重要，泳手每次呼吸時，船上的團隊會和泳手的眼神接觸，豎起大拇指或張貼告示。

游泳時，在視覺單調和耐力運動的情況下，可能會發生視覺幻覺，這些現象是被廣泛認可的。船上的工作人員可以通過在白板上的鼓勵字句，並提供捐贈的贊助金的價值，來鼓勵游泳者對抗無聊感。

≋ 九　絕望和興奮

法國看起來是這麼近，又那麼遠，過了一小時又一小時仍沒有靠近。天氣，尤其是風，經常延長游泳時間。當終於靠近法國時，潮汐通常會「拉扯」泳手，導致泳手更難游近沿岸。

除非有必須討論的風險，船上的工作人員不會向泳手透露還有多遠才到達目的地，並強烈建議泳手不要配戴手錶，這是一個不成文的規定。船上工作人員的一般建議是「繼續游泳」。這句話不僅是對泳手的鼓勵，也是一種策略。它提醒泳手專注於當下的努力，而不是關注還有多遠的路程。這種專注有助於泳手保持穩定的節奏和正面的心態，這在完成如此艱巨的挑戰中至關重要。

團隊於香港的訓練場地，最美麗的海灘：淺水灣

為什麼要在寒冷的水中連續十多個小時游泳，不休息，面臨一些危險，甚至沒有景色？對於海峽泳手來說，最激動人心的就是當他們觸摸到法國海岸的時刻。

橫渡英倫海峽的訓練

因為各人的偏好和需求各不相同，橫渡英倫海峽的準備訓練，並沒有一個單一的訓練計劃。建立耐力和速度的準備通常至少提前兩年開始準備。游泳者須專注於達到高效的划水技巧並適應寒冷環境。

營養也很重要。現代游泳者通常更喜歡含有碳水化合物的食物，這些食物能用以對抗低溫。許多游泳者在游泳前增加體重，以提高對寒冷的耐受性並避免低溫症。

最後，心理準備至關重要，泳手必須克服在黑暗中游泳時所產生的恐懼，保持良好心態，完成挑戰。

團隊於淺水灣進行訓練

團隊及其他好朋友泳手在淺水灣進行訓練

在訓練的時候，得到好朋友的陪伴及鼓勵，給予團隊很大的支持。

團隊及其他好朋友泳手在淺水灣進行訓練

在訓練的時候，得到好朋友的陪伴及鼓勵，給予團隊很大的支持。

團隊於淺水灣進行訓練

團隊於淺水灣進行訓練

團隊於淺水灣進行訓練

團隊在晚上於淺水灣進行訓練

團隊於淺水灣進行訓練

團隊於淺水灣進行訓練

海峽兩岸的雙城

04

多佛（Dover）

　　位於英國根德郡的多佛港，是最靠近法國加萊港的海港，兩地距離僅三十三公里，因此成為英國最繁忙的一個海港，英法間的海峽也就此得名為多佛海峽。

多佛（Dover）

俯瞰多佛港

　　位於英國東南肯特郡，一個古老的港口城市——多佛，距離法國加萊港僅三十五公里，是歐洲大陸進入英國最近的通道。多佛被稱為「英格蘭門戶」或「英格蘭鑰匙」，甚至是「倫敦的後花園」。

俯瞰多佛港

俯瞰多佛港

最值得銘記的，是在多佛海峽上演的，歷史上最大規模的戰略大撤退。我們稱之為：敦克爾克大撤退之役，此役發生在第二次世界大戰的前期。

　　一九四〇年五月二十一日，德軍把四十多萬名英、法、比盟軍包圍在法比邊境的敦克爾克地區。若盟軍不能立即從海上撤回英屬地區，後果必然是全軍覆沒，因此，回到英國的多佛是唯一出路。

　　多虧英國首相邱吉爾，力排眾議，堅決不向德國妥協，授權多佛軍港司令拉姆齊海軍中將，指揮大撤退，於九天時間裡，協調八百八十九艘各型船隻，創造了舉世贊譽的「敦克爾克奇跡」，撤回近三十四萬盟軍，保存了日後盟軍勝利的力量。

岸旁的敦克爾克紀念碑

多佛白懸崖（White Cliffs of Dover）

多佛海峽沿岸的最著名景點，要數多佛白懸崖。多佛白懸崖傲視英法海峽，大部分船隻進入英國的範圍，首先都會見到多佛白懸崖。

白懸崖經過六千萬年以來的海洋微生物堆填而成，是其最特別的地方，在懸崖上遠望，可清楚見到英、法海峽的景色。

傲視英法海峽的多佛白懸崖
你們能在照片中看到Leo、Melody及Fannie嗎？

法國加萊（Calais）

法國加萊（Calais）與英國的多佛港（Dover）距離只有三十三英里，是英國與歐洲之間的最短距離。

臨海的加萊，也是從歐陸進入歐洲海底隧道，通往英格蘭的最後一站。至於海路，由於相連處最短，到了今時今日，仍然是偷渡者進入英國境內的天堂之徑。

加萊二百年來多次被英國人佔領，而且早在古羅馬時期就已出現城鎮，是羅馬帝國北部的港口。

由於歷史和地理位置原因，加萊是與英格蘭關係最緊密的法國城市，每天有數十列高鐵列車經英法海底隧道往返於兩國之間，由加萊港前往英國多佛的輪渡航線，也甚為頻密。

鳥瞰加萊老城區

加萊港燈塔

加萊市政廳

加萊舊城門

加萊港作業區

加萊大劇場

游泳路線

在地圖上，從英格蘭到法國的最短直線距離是二十一英哩（32公里）。潮汐會不同程度地影響實際的游泳距離，簡單來說，在大約六個小時內，潮汐將把泳手帶到英倫海峽「上方」，然後隨著潮汐改變方向，接下來的六個小時將把泳手帶到英倫海峽「下方」。海水流動是無情且不可避免的。在橫渡英倫海峽時，領航員根據上述潮汐時間及實際天氣情況，決定起航時間，這意味著潮汐會直接影響泳手的方向。

橫渡英倫海峽前的告別飯局

遠赴英倫海峽前跟至親好友（包括：游泳前輩、教練、舊同學、好朋友、父母及老公）的告別飯局

橫渡英倫海峽前的告別飯局

遠赴英倫海峽前跟至親好友（包括：游泳前輩、教練、舊同學、好朋友、父母及老公）的告別飯局

横渡英倫海峽前的告別飯局

遠赴英倫海峽前跟至親好友（包括：游泳前輩、教練、舊同學、好朋友、父母及老公）的告別飯局

出征之前

出發前的準備

英倫海峽被譽為開放水域泳界的珠穆朗瑪峰，與大多數長途游泳比賽不同，是一項難以保證能夠完成的艱鉅任務。

預約橫渡英倫海峽領航船隻的輪候時間，平均長達兩至三年。英倫海峽的天氣陰晴不定，變化莫測，泳手必須在領航船長的引導下看準時機下水。

根據團隊與Pathfinder領航船的約定，團隊橫渡英倫海峽的檔期是定於二〇二三年九月六日開始計十天內需要完成，但事前任何人都無法估計會在哪一天內進行橫渡，因為一切都需要視乎天氣情況而定。

大自然讓任何人都無法規劃橫渡英倫海峽的時間，泳手只能夠在約定檔期中耐心等候船長的指示，一般情況下，要提前五天以上準確預測英倫海峽的天氣狀況是不可能的，只能夠在兩天內做出比較準確的天氣預報，而即使是這樣的預報，也有可能因天氣的實際情況改變。

橫渡檔期通常是在六月底到九月底之間，有些能夠耐寒的個別泳手也會接受十月的檔期。游泳檔期條件取決於許多因素，其中最主要的是水溫。六月和七月初，海水仍在升溫，平均水溫在攝氏十三至十六度之間。七月底至八月初，海水溫度升至攝氏十五至十七度左右。從八月底到九月初，海水溫度有機會達到攝氏十七至十八度，但白天時間縮短，空氣溫度通常降至攝氏十四至十五度。從九月中旬開始的兩週內，白天時間較短，夜晚很冷。

英倫海峽是世界上最繁忙的航運通道之一，每天大約有六百艘油輪和兩百艘渡輪穿越。領航船和導航員的工作是確保泳手安全，引領泳手安全從英國游泳前往法國最後登陸法國彼岸。泳手需提前至少兩至三年預約領航船，並與領航船船長商討合約內容，並須簽妥書面協議書為實。

這次橫渡英倫海峽領航船的服務費用為三萬六千英鎊，在簽署合約時需要預先支付保證金一千英鎊，在正式橫渡的時候向船長支付餘下現金。簽約後，如因私人事故不能進行橫渡，而泳手又不能安排其他泳手或隊伍替補，泳手便須向領航船船長支付全數合約金額。根據合約，船長要求每位泳手的游泳時速最少為每小時三公里。假若泳手不能於十四小時內完成整個橫渡，泳手需要向船長支付每小時額外兩百英鎊的服務費用，而船長亦有權根據實際情況及泳手的安全狀況而終止橫渡。

　　此外，橫渡英倫海峽的泳手必須向Channel Swimming Association或Channel Swimming and Piloting Federation申請批核及許可，才能安排橫渡英倫海峽。這兩個團體是英國官方認可的機構，負責監管、安排及批核海峽的申請。泳手必須先取得領航船的合約，才可向上述機構申請安排橫渡英倫海峽。團隊本次選擇向Channel Swimming Association申請批核橫渡英峽。接力團隊需要先向Channel Swimming Association支付四十四英鎊購買一份CSA Information Pack，並熟讀當中列出的各項細則及要求，以確保橫渡記錄被官方認可。並必須於出發年度的三月三十一日或之前向Channel Swimming Association提出申請，提交泳手的健康醫療證明報告、兩小時於水溫攝氏十五點五度或以下的游泳證書及泳手的簽名照片，然後繳交四百七十英鎊的費用，在網上申請，於Channel Swimming Association批核後才可獲准安排正式橫渡。

　　一九二七年成立的Channel Swimming Association制定了游過海峽的規則。為了讓游泳成績被協會官方認可，泳手不能使用任何人工輔助設備，僅能使用泳鏡、一頂泳帽、耳塞和一件簡單泳裝。泳手可以在身上塗抹鵝油或凡士林等物質。泳手必須從出發點海岸乾地進入海中，並在對岸的乾地上結束，或是「接觸對岸的陡峭懸崖並無海水的地方」。游泳距離大約為三十四公里，但會因潮流而有所變化，實際游泳距離會增加至五十至七十多公里。泳手的實際游泳路線會受潮汐及風向所影響，大多數人會游出一種S形路線，而游泳期間不允許觸碰任何人。

Tracking

Below is the recorded position of Pathfinder over the last 16 hours.

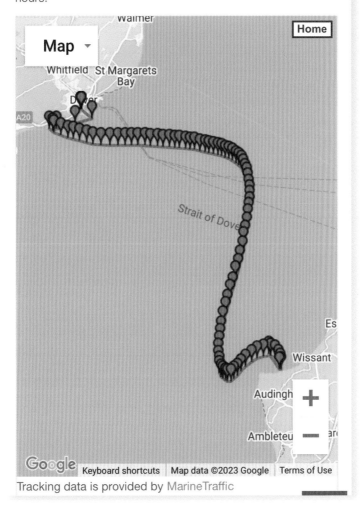

從團隊的橫渡路線圖，能清楚見到橫渡的路線並非直線

Fannie的心結

「我曾經在十分冰冷的海水中練習游泳，游完後開車回到家，因為水溫太冷，揸車途中仍不停顫抖。但對我來說，這不是最大的挑戰。實際上，我最害怕的是……」Fannie欲言又止，心情十分糾結。「我非常害怕黑暗。」在出發前往英倫海峽的兩個月前，Fannie硬着頭皮向隊友說出她的心結。

隊長Eliza當時想，女孩子害怕黑暗很正常吧，還有兩個多月時間讓團隊在晚上練習游泳，熟悉黑暗的環境，而且在橫渡的時候，有這麼多隊友在船上，燈光也照亮著，加上Fannie有這麼多深海潛泳的經驗，她應該不用太擔心！當Fannie向隊友們說她非常害怕黑暗，隊友還以為她開玩笑！

「因為在年幼時候，有些非常不愉快的經歷，我被打後獨自被困在一個完全黑暗的環境中，心靈受創。所以從小我就非常害怕黑暗，尤其在陌生的環境中，黑暗的感覺令我感到非常不安。所以我不會參加長途競技活動，因為那需要經過黑夜，在三項鐵人比賽和毅行者等活動中，我也盡量避免在黑暗中進行。當我知道要在深夜出發橫渡英倫海峽時，原先我想或許可以趁這個機會試著克服對黑暗的恐懼，鍛鍊一下膽識，因為有整個團隊陪伴著我。」「但是夜間操練游泳的時候，尤其是在貼近出發前往英國的時候，壓力不期然大增，我突然發現自己真的無法應付，亦不知怎樣向隊友交代，晚上輾轉反側，多個晚上在床上默默哭泣，十分糾結。這觸發了我童年的陰影，就像打開了潘朵拉的盒子，那些在童年時被打及在被困在黑暗房間中的可怕影像無法自控地湧現出來。我不僅害怕和恐懼，還感到悲傷和孤獨。我無法應對這種情緒，所以我立刻去看精神科醫生並接受治療，他們告訴我這是童年創傷未被妥善處理的結果。我非常擔心這個問題會在關鍵時刻引發混亂，並影響團隊橫渡英倫海峽的計劃。」

隊長得知Fannie的情況後，積極協助解決問題：「起初我以為Fannie只是因為挑戰橫渡英倫海峽日期逼近而感到焦慮，但後來我了解到事情並非這麼

簡單，她的焦慮是因童年創傷所導致的。唯一的辦法就是給予她安慰與支持，並持續陪伴她進行更多黑夜操練。」

最後在二〇二三年八月十八日Fannie的好朋友們安排了一艘船模擬海峽環境在黑夜出海，讓Fannie逐漸適應，以為一切都會沒事。然而，突然間，Eliza聽到Fannie在海中大聲尖叫，Fannie被一隻巨大的水母襲擊，她立刻從水中返回船上，她的胸部、頸部、面部和手臂都被刺傷並嚴重腫脹。

當時Eliza看見在水中有一隻十分巨大的白色水母，水母身體大約一呎多而鬚根長達四五尺，當時Eliza不敢作聲，亦不敢向Fannie形容那隻可怕的水母。Fannie在船上大叫痛哭，她那時的模樣及無助感令Eliza感到很心痛。

Fannie回憶著：「我在船上尖叫了半個小時，不僅因為疼痛，更因為那些童年被虐待的片段突然湧現，我一直以為我已經把這些記憶封存起來了，但在那一刻，它們如洪水般湧上心頭，我眼淚不停地流，接著連續三天都失去了控制。」這將是一場漫長的心靈戰鬥，無法在片刻之間得到治癒，Fannie的問題只能暫時擱置，讓Fannie安靜下來，等待團隊飛往英國之後再處理。

根據過往橫渡英倫海峽的經驗，通過計算泳手的速度、水流、氣溫等因素，原定的出發時間應該大約是在凌晨一點左右。團隊需要在黑夜出發的主要原因，是為安全起見希望到達法國岸邊時仍是白天，能夠清晰地看到登陸地點。作為隊長的Eliza保持冷靜，面對問題並思考解決方法。她明白Fannie已經沒有可能在黑夜中游泳。於是，Eliza立即發出電郵與英國船長Mr. Eric Hartley聯絡，通知他有關Fannie的情況，與他商討解決方法，最後船長同意盡量延遲團隊出發下水時間，安排Fannie游第四棒，希望那時已經是日出時分。儘管仍存在許多不確定因素，但船長的提議已是最佳的方案。隊友們得知Fannie的情況後，十分諒解她的處境，並在整個旅程中默默支持並鼓勵她，令她十分感動。

團隊於黑夜時操練

團隊於黑夜時操練

踏上征途了

團隊橫渡的約定檔期是由九月六日開始，團隊需要早幾天從香港出發抵達英國，以便能夠適應當地天氣，作好出發前的準備。

準備離港時遇上超級颱風，各人幾經折騰才能到達英國Folkestone。

Melody和她的相公Paul因颱風關係，需要比原定安排早一天出發，颱風打亂了他們原本的行程，他們於八月三十一日整晚在香港機場等候機位，當晚未能安排上機，然後在九月一日清早再在機場等候。因為他們需要避開颱風先飛到新加坡，然後由新加坡飛往杜拜，再由杜拜飛往英國希斯路機場，最後轉乘搭Uber，全程一共花將近二十四個小時才到達Folkestone基地。到達時，兩人已身心疲累。

Eliza抵達英國時，從倫敦前往Folkestone的火車因鐵路工人罷工而全日停駛，只好更改計劃，乘坐Uber前往Folkestone，車資由原本的三十五英鎊變成一百八十英鎊。

哈哈，團隊出外不但招風雨，亦招罷工。

「天將降大任於斯人也，必先苦其心志，勞其筋骨」，原來是真的。

各人經過一場場不是自己招來的風雨際遇，才能在原定時間（九月三日前）抵達Folkestone的住宿地點集合，等待橫渡一擊。

團隊的住宿地點是在Folkestone一棟三層樓的建築，四間臥室、廚房和客廳。團隊住在一起，一起烹飪、聊天、分享，就像大學時期一樣，總是大把溫馨時刻。我們每天都會前往附近的超級市場，購買食品及日用品。

Eliza負責烹調早午晚三餐美食，還特地自香港帶來中式湯包，讓泳手和團隊中人享受中式湯水。在餐桌上，大家分享彼此的生活回憶，也討論橫渡

Melody與丈夫Paul
在香港機場出發的一天。

Melody、隊長Eliza及丈夫Kenneth
大家坐不同的航空公司,同一日在香港出發。
臨行前先來一張合照,信心滿滿地出發。

新加坡機場留影
首先到達新加坡機場，當時還是精神奕奕。

杜拜機場留影

幾番折騰後，大概八小時後終於到達杜拜機場。
由於當時已深夜，我們已開始魂不附體，睡眼惺忪，
巴不得抱頭大睡。

抵達倫敦希斯路機場留影

再一個八小時後，終於抵達倫敦的希斯路機場。

當時心情如釋重負，在排除萬難的信念下，成功地完成基本任務，安全到達英國。

抵達Folkestone

兩小時的車程，將我們帶到Folkestone的大本營。

當晚我們一行四人，到附近超級市場購買糧食，預備歡迎明天到達的Fannie及Leo。

抵達Folkestone

兩小時的車程，將我們帶到Folkestone的大本營。

當晚我們一行四人，到附近超級市場購買糧食，預備歡迎明天到達的Fannie及Leo。

終於等齊人，先拍張大合照

終於等齊人，先拍張大合照

的細節及策略，增強團隊合作精神。

她從香港帶來了陳皮、豬皮、湯包、煮食調味料等等，還有四罐鮑魚，準備於成功橫渡之後，慰勞所有隊員及家屬。

九月三日的早餐是最豐富的了，Eliza準備了一煲陳皮薑瘦肉豬皮粥，味道米芝連啦！

這碗粥給大家暖胃解寒，惟一失算，是Eliza原本在香港已經買了皮蛋，但忘記放進行李，真失策，有皮蛋，這碗粥更加完美。

Eliza再準備了一煲：紅棗黃豆牛蒡葛根瘦肉湯，是贖罪的美食。

總之，游泳之前，要多一點保暖的食物，之後則要清熱解毒。

Eliza特地從香港帶來食材慰勞團隊

團隊的三餐非常豐盛

團隊一起享用豐盛餐點

十分出色的陪行成員Paul＆Kenneth

此次行程，我們培養了兩位十分出色的陪行成員
Paul＆Kenneth，對各團員的大小事情照顧周到，
愛心無限，出心出力，他們已經榮升成為團隊的金
牌經理人，成為團隊的無價寶。

Fannie害怕寒冷水溫，因此在出發前數月，已不斷透過中醫調理身體。她帶來了十全大補湯，出發前她每天都喝十全大補湯，並把補湯放進保溫杯，帶上征途，等於帶來了一個私家中醫。當Fannie在屋內廚房烹調她從香港帶來的十全大補湯的時候，傳來陣陣中草藥及當歸香味。

Leo在臨出發時患上重感冒，有幸Fannie擁有中醫資格，即時為Leo刮沙針灸，令他快快好起來。

此次行程，還有兩位十分出色的陪行成員——Melody的丈夫Paul及Eliza的丈夫Kenneth，他們對所有團員付出心與力，他們馬上昇呢，成為金牌經理人。

出征之前預習

二〇二三年九月四日至九月六日期間，團隊在Folkestone的Sunny Sands Beach海灘進行了三次的游泳練習，以便適應當地的水溫。

九月六日晚上，「極地同行」的負責人Steve Lo、蝸牛仔梓健，以及他的娘親Michelle亦抵達Folkestone。雖然梓健未能與團隊一起上船同行，但他從香港飛來英國與團隊同住，打氣鼓勵。

Steve Lo馬不停蹄，到達Folkestone準備出發。他帶備了拍攝器材，全程為團隊開live拍攝橫渡過程，好讓所有在香港關心團隊橫渡的至愛朋友，即時看見我們橫渡的整個過程。

橫渡日期是定於二〇二三年九月六日，團隊需要於凌晨一點半，在多佛的Marina Bay集合並登上領航船。

團隊於Folkestone海灘進行練習

橫渡前，團隊於Folkestone海灘進行練習

橫渡前，團隊於Folkestone海灘進行練習

蝸牛仔梓鍵

蝸牛仔梓鍵及他的娘親Michelle

Fannie與蝸牛仔梓鍵

Steve Lo原本計畫開車分兩程，從Folkestone駛往Marina Bay接送團隊，但正要出發的時候，卻發現無法啟動車輛。當時已是深夜，團隊無法找到計程車，眾人十分焦急，深怕耽誤領航船出發的時間。因為時間緊迫，必須盡快找到解決方案。

　　皇天不負有心追夢人，剛好遇見兩位路過的英國男孩子，友善地帶團隊前往二十四小時的租車公司，能夠安排一輛車，接載團隊前往多佛的碼頭。

　　Steve也終於啟動了他的車輛，所有團員都能及時抵達，登上領航船。

團隊於深夜抵達港口

終於登上領航船

Eliza, Melody, Fannie和Melody的丈夫Paul

團隊之間感情很好，一起互相加油打氣

位於Folkestone海灘的美人魚雕像

美麗的Folkestone街景

美麗的Folkestone街景

美麗的Folkestone街景

美麗的Folkestone街景

美麗的Folkestone街景

美麗的Folkestone街景

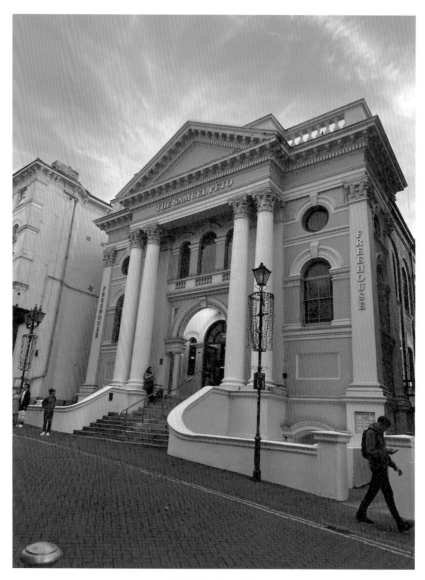

美麗的Folkestone街景

美麗的Folkestone街景

美麗的Folkestone街景

團隊於Folkestone街頭合照

團隊於Folkestone街頭散步

停滿船隻的英國海岸

停滿船隻的英國海岸

停滿船隻的英國海岸

出發前攝於Dover

出發前攝於Dover

開始橫渡了：

第一棒　鄭麗珊（Eliza）

第二棒　陳　利（Leo）

第三棒　張敏靈（Melody）

第四棒　劉桉瑜（Fannie）

凌晨漆黑中起航

Mr. Eric Hartley是Pathfinder領航船的船長，他是經驗豐富的領航船長，和領航船Pathfinder陪同泳手進行這次旅程。英倫海峽游泳協會觀察員Mr. Keith Oiller亦在船上監察以確保泳手遵守橫渡英倫海峽的規則。

Eliza在九月六日凌晨三時三十五分，自著名的多佛白崖下的Samphire Hoe海灘開始游第一棒。

第一個挑戰立即出現了。

Eliza說：「水很冷，一片漆黑，浪很大！出發起點是個石灘，我必須從領航船跳入水中，游大約五十米到石灘，爬上並站立在乾地，才能正式開始橫渡旅程。到達石灘的時候，我必須站起來，但被海浪從後大力拍打，十分艱難才能從水中爬上石灘開始。」

泳手只能穿無袖短身泳衣、戴泳帽和一副泳鏡，禁止穿潛水衣。這是一個重大挑戰，因為這個水域日間只有攝氏十六、十八度。她承認：「我跳入水，開始游第一個小時，感覺過了很久。團隊在香港訓練時，已經習慣了長距離練習，游一個小時感覺沒什麼大不了，覺得可以游更久。但是，在英倫海峽的頭一小時，水溫寒冷，一片漆黑，我仍在嘗試尋找游泳節奏及與領航船的適當距離。而且由於天色太黑暗，我必須注意領航船的位置，我只能看到船上的一盞燈，其餘一片漆黑，水流又急，所以這是十分艱難的任務。」

本次橫渡的起點：著名的多佛白崖下的Samphire Hoe石灘

她形容起步「是比較可怕」，但在十數分鐘後找到了節奏，並從容繼續前進。

　　此時，《極度同行》創辦人Steve Lo亦開始努力為團隊在Facebook網頁上進行直播錄影，好讓香港的家人及朋友能夠即時看見及參與整個橫渡的過程。Steve Lo帶備了不少攝影器材，其中包括小型航空拍攝飛機，但因為海峽的風勢很大，航拍機一去不復返，各人不得不驚嘆海峽的確是風高浪急，不是騙人的。

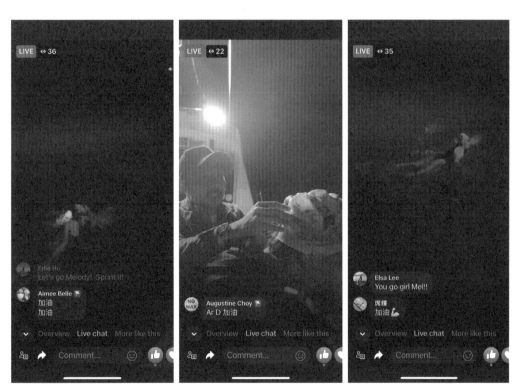

橫渡期間，Steve Lo為團隊進行直播錄影，在香港的親友同步為團隊加油打氣

隨著Eliza的順利出發，團隊的其他成員也紛紛進入了準備狀態。他們在船上為Eliza加油鼓勵，同時也為自己的出發做準備。這時候，團隊之間的互相支持和鼓勵顯得尤為重要。每一位隊員都深知，他們不僅僅是為自己游泳，更是為了整個團隊的榮譽和夢想。

一小時後，Eliza交棒給Leo，然後由Melody及Fannie接力。他們按此順序連續游下去，但每位隊友皆有自己的困難要面對。

在凌晨四時二十五分，第二棒輪到Leo摸黑跳落寒冷的水域，那種恐懼對Leo來說，絕對是難以用文字去形容。恐懼不是因為安全問題，而是意識到不管當時水溫有多冷，海浪有多大，在未完成一小時的泳程是絕對不能夠離開水面！在漆黑一片的大海中，Leo不停想：「在這麼冰冷的海水中要捱足一小時，究竟有沒有能力做到？但是我一定要繼續向前游，因為只要一舉手發出求救信號，全組隊伍就會立即被取消資格，而這兩年來所有準備功夫都會白費！」

在當時的情況，對Leo來說放棄不是一種選擇，他只能繼續向前不停游，為了減低在水中的恐懼感，他在水中呼叫船上隊友報告剩餘時間（30/15/10）分鐘。最後Leo成功完第一棒，他十分感恩亦信心大增。但上船後，他當時不敢向隊友說他在下水是哪種恐怖經歷，以免影響士氣。

Melody在凌晨五時二十五分開始下水游第三棒，這時天空及海面還是漆黑一片。

起始階段，海水較為平靜，但水溫偏低，對泳隊來說是一個考驗。雖然海水溫度大約十八度，但是對於長居熱帶的泳手來說，感覺是十分寒冷的。剛跳下水的一刻，興奮的心情很快便會被孤獨、懷疑和恐懼的感覺所取代。此時，泳手需迅速適應低溫，並保持穩定的呼吸和節奏。漆黑中，海面呈現出一片寧靜之美，但隱藏著冰冷的挑戰。

Fannie在早上六時二十五分開始接力的第四棒，這時太陽已從東方緩緩升起，這第一線晨光正好解決Fannie內心對黑暗的恐懼，她勇敢從領航船上跳下水，這一線晨光給予她信心，她努力向前游。

感到寒冷顫抖

橫渡英倫海峽的規則規定，前一位泳手完成一棒，下一位泳手下水，但不能開始游泳，而是在船邊的水中等待，直至前一位泳手完全上船，等待那二十到三十秒鐘特別冷，不能以游泳來暖身。在隊友登船之前，他必須不斷踩水，待隊友登船後才能開始游泳。

即使留在船上也不易，因為隊員在每一棒之間的等待時冷得發抖。

我們在途中有各自的黑暗時刻和秘密，但沒有與其他隊員分享在水中面對的困難，並不是要隱瞞，而是不想破壞當時的團隊精神。

橫渡英倫海峽確實就像「在洗衣機裡游泳」。

實際上，水流令泳隊的旅程長了。英格蘭和法國之間最近的距離約為三十二公里，但是由於潮汐和巨大的風浪，泳隊終於游了五十三點一公里。

海峽的天氣情況一般是不可預測的。平靜的水域可以迅速變成大浪粗，一颱風的時候，強大的潮汐和高聳的波浪使每一划成為與自然的融合與戰鬥。這些情況對泳手的耐力和技術是很大的挑戰。團隊在訓練中已經對此有所準備，但在實際面對這些情況時，他們仍不得不時刻保持警覺，應對不斷變化的環境。

英倫海峽的潮汐變化極為複雜。從潮漲到潮落，潮汐每六小時變化一次。這些潮汐的變化會直接影響海流的方向和速度。在潮漲時，海流通常會向北流動，而在潮落時則向南。泳手必須根據潮汐的變化調整泳姿和方向，

在每一棒之間的等待時，沒辦法游泳暖身

泳手在船上等候時，比在海中游泳時更加寒冷

Melody正等候出發下水，信心滿滿

觀察員Keith十分友善，全程把我們游泳的詳情記錄下來，亦給我們清晰的引導及指示

Leo在船尾等待進行交棒

團隊之間互相給予支持

團隊在船上等候的時候，盡量爭取時間拍照留念

以避免被海流帶離預定路線。

風力是影響海峽泳渡的另一重要因素。英倫海峽的風向多變，風速時而強勁，時而平緩。強風會引起大浪，這不僅會增加泳手的體力消耗，也會影響泳手的方向感和平衡。在強風和大浪的情況下，泳手需要保持更高的警覺性，以應對突如其來的海浪。

英倫海峽的天氣變化快速且不可預測。晴朗的天氣可能迅速轉變為陰天，能見度也會因此受到影響。泳手在遭遇低能見度的情況下，需依靠船上導航團隊的指引來維持正確方向。此外，天氣變化還可能伴隨著氣溫的波動，這對泳手的體溫調節而言是額外的挑戰。

船上的支援隊伍在橫渡過程中是十分重要的，當泳手在海中感到疲累與孤單的時候，支援隊的鼓勵和存在提供了情感支持，游手與其支援隊伍之間形成的聯繫往往是克服游泳中最艱難部分的關鍵因素。

隨著法國海岸的逼近，強大的潮汐和波浪，令挑戰加劇。在這終末階段，海浪因近岸地形而變得更加不穩定，泳手必須發揮堅毅的意志力來完成最後的泳程。

當第十一棒Melody游到接近法國海域時，波濤變得十分洶湧，把Melody拋高壓低，要費好大氣力划手踢腿對抗水流。

在下午三時十分，水流方向改變，從下而上，即是水流從海峽的右方轉向左方。在此時，泳手與離岸的實際距離只有大概一點五英里（2.4km），但是因為風高浪急以及海流突然改變方向，雖然看見不遠處是法國海岸，但是實際的游泳路線只是向橫，向海岸那邊方向前進的速度卻十分緩慢，大家也可以想像得到那段泳程是十分艱辛的。海面波濤洶湧的情況，對比起我們在香港練習時候的情況惡劣得多。

當在第十二棒Fannie游了半小時後，感覺到強大的水流令她筋疲力盡，她要求每五分鐘報時一次，令她倒數知道還要捱多少時間，以倒數增強鬥志，那時大家在船上都用力叫喊，激勵Fannie撐下去，此時Fannie只有出盡洪荒之力，努力拼搏盡力，繼續向前游。

靠近海岸線的棘手潮流明顯阻礙進展，雖然看到法國海岸，但卻像是海市蜃樓一樣，這麼近，那麼遠，強大的水流令泳隊的航道停滯不前，大家在路線圖中可以看到泳隊在接近法國的水域時，有數小時的航情中，泳隊的航道與海岸線是平排的，而並非是向前的。那段游泳航程實在是十分顛沛，令泳手留下十分深刻的印象。

下午三時二十分，船長Mr. Eric Hartley從駕駛艙走出船艙，語氣凝重吩咐Eliza在下一棒必須奮勇全速向前遊，盡力破浪（break the tide），才能對抗水流游向法國岸邊。

下午三時二十五分，當Eliza游第十三棒時，在海上看見領航船急劇向左右兩邊搖擺，領航船明明是白色的，但Eliza卻看見藍色，原來是船身劇烈搖擺，藍色是船底的顏色。Eliza根據船長的吩咐，全速前進，在下午四時十分繞過Cap Gris Nez，此時比較接近法國海岸，距離大約有一公里。

Leo當時在領航船的洗手間內，因風浪浪大，船身急劇搖晃，令他的頭部數次撞向洗手間的頂部，大家也可以想像水流與海浪的威力。

當團隊在英倫海峽中拚命游時，在遠處看到一艘橡皮艇，上面擠滿了難民。這些難民正在偷渡駛向英國，他們來自法國。海峽上風大浪急，他們身上只有簡陋的救生衣，沒有足夠的糧食和水，船看來應該是超載了，他們的狀況令人膽戰心驚。然而，他們心中只有一個希望，那就是能夠到達英國，尋求政治庇護，並追求更好、更自由的生活。 一般而言，難民是從中東前往法國的，很多難民是來自伊拉克和伊朗的庫爾德人。有些可能是阿拉伯人、

海面上波濤洶湧，考驗著泳手的體力與心力

海面上波濤洶湧，考驗著泳手的體力與心力

照片中能看到載滿難民的小艇，英倫海峽風大浪急，十分危險

照片中能看到載滿難民的小艇，英倫海峽風大浪急，十分危險

終於看見法國岸攤

阿富汗人和伊朗人。 根據橫渡英倫海峽的規定，假若我們在橫渡英倫海峽的途中遇上任何難民在海上遇險而發出求救信號，我們便須立刻終止橫渡，並向遇險的難民伸出援手救助。

到達法國海岸

當Leo游最後第十四棒的時候，在接近法國海岸時，他突然看見全海面都是藍色的水母，他馬上想起多年前他的三鐵朋友曾經提過有一種藍色水母間是有劇毒，被刺傷可能會引致死亡。Leo當時極度驚恐，向船上同伴大叫，詢問船長水母的品種是否有劇毒，但船長說沒有問題，Leo只好硬着頭皮繼續向前游。他形容當時就好像星戰X-Wing穿過隕石群一樣左閃右避狂衝向法國岸邊，途中被水母刺傷左手臂，十分疼痛，情況十分驚險。但衝上法國岸灘後，見到當地人鼓掌歡迎，立即興奮到忘記痛楚。

Leo有幸游完最後一棒，赤腳踏上法國沙灘Le Petit Blanc Nez，四人接力由天黑游到天亮，一共游了十四棒／五十二公里，總完成時間為十三小時三十五分，團隊衷心感謝所有支持者。完成橫渡時，觀察員Mr. Keith Oiller即時在轉船上安排藥檢測試，四位泳手需要進行抽籤，抽出一位泳手進行檢測。Fannie抽中了籤，接受檢測並順利完成及通過有關藥檢的要求。

橫渡英倫海峽過程就像人生，逆境時不要太失望，順境時亦不要太興奮。在Leo負責的泳程中，他說第二轉是最辛苦的一小時，當時他只游了2.55K（2'14 pace）。不過到了第三轉順流終於出現，他游了半小時後望一望手錶已游了三公里，他心裏極度興奮，心想一定要利用這轉水流的幫助游多一些距離，結果他決定全速前進，竟然在那一轉完成5.5公里/1'05 pace，令他喜出望外，成為多年來個人最佳時間。他笑說遇上逆境不放棄，不但可成功完成挑戰，還可以刷新個人紀錄。

完成橫渡後，需進行藥檢測試

實際上，水流令泳隊的泳程長了許多。英格蘭和法國之間最近的距離約為三十二公里，但是由於潮汐和狂風，團隊最終游了五十多公里。

團隊協作精神

在這次挑戰中，團隊協作顯得尤為重要。每位成員都有自己的弱點，但作為一個團隊，他們能夠互補並共同進步。在橫渡過程中，他們需要互相溝通、協調換班，並在遇到困難時互相幫助。這種團隊合作的精神成為了他們克服困難的關鍵。

對團隊來說，這不是在公園散步。團隊在各自一棒都曾想放棄，無論是因為漆黑、冰冷的海水、陣陣寒風、暈船、四肢抽筋、被水母刺傷受傷，還是其他。

四人八腿一條心，在整個橫渡過程中出現很多難題、無盡的變數都一一被團隊克服。就是因為四人的目標是完全一致的，互相尊重，互相諒解。

如果考慮到年齡因素，橫渡英倫海峽對四位泳手來說確實十分不容易，因為已經不是年輕泳手，Eliza今年五十五歲，Melody五十歲，Leo接近五十歲，Fannie四十歲，四位泳手是全職工作者，公事十分繁忙。但是在過去數年的密集訓練之後，Eliza覺得她的體能是二十五歲，使她變得更強。她認為年齡不是追求夢想的障礙，經常與泳隊一起為目標練習，使所有隊員感到年輕，就像回到大學時候一樣。雖然四位已是年長的先進泳手，但是年齡並無阻礙他們一起追求理想，成功完成高難度的挑戰。

橫渡成功

本次橫渡圓滿成功。

橫渡成功

完成挑戰，團隊的大家充滿喜悅，十分興奮。

橫渡成功

團隊與English Channel Association的資深觀察員Mr. Keith Oiller合照。

橫渡成功

完成橫渡下船後，大家合照一張。

四位泳手為香港爭光

成功橫渡後，團隊一起慶祝

成功橫渡後，團隊一起慶祝

CHAPTER 07

極地同游 × 極地同行

在這次橫渡英倫海峽的挑戰中，團隊揀選了「極地同行」這個慈善機構為他們籌款，並命名這次活動為「極地同游」。

那裏是真正的極地？

當我們身陷人生的低谷，極地就出現在我們的心內！

「極地同行」是本港一間小型慈善機構，積極創造傷健共融共學共享的機會，致力推廣傷健共同合作運動，讓大家向著同一個目標奮鬥，過程中有大量深度交流的機會。

「極地同行」致力於推廣傷健共同合作運動，讓社會更加美好

「極地同行」致力於推廣傷健共同合作運動，讓社會更加美好

「極地同行」致力於推廣傷健共同合作運動，讓社會更加美好

有時極地不一定要飛到外國才有，極地亦不單是指南北兩極，也不是火山和沙漠，我們的極地其實意指人生中遇到的挫折和困境，當自身或他人身處「極地」的時候，我們如何運用正面和冷靜的態度一起同行，在過程中互相學習，共同享受排除萬難後得到的成果。而總結多年的極地經驗，讓我更加透徹體會到「傷」這個字，並不單純是指身體上的傷殘和疾病，也是人們心靈上的創傷，更包括人類對大自然的傷害。乃是更深遠的意義延伸。

傷健共融是如何定義？

傷建共融是傷殘和健全人士能做朋友，互相體諒、互相學習和共同享受互助互勉的成果；是人們對自身和他人心靈上的創傷和傷痛的關愛；是人類如何與過去一直對大自然作出的傷害作共處和改善的方法。

「極地同行」與超過一百六十個教育機構合作，進行促進共融和理解的項目。從手語工作坊到包容性輪椅運動，「極地同行」在創建一個更包容的社會方面發揮了重要作用。他們在提供正向教育課程和環保講座方面的努力，進一步展示了他們對社會福祉的承諾。

除了教育倡議之外，「極地同行」還為殘疾人士提供了易於接近的工作培訓。這種賦權方法不僅增強了技能，而且促進了青少年之間的指導和道德教育文化。

擁抱「極地同行」與傷健共融的精神，團隊以接力橫渡英倫海峽代表了他們對於提高「極地同行」的知名度和籌集資金的承諾，進一步推動共融和團結的事業。

這次橫渡英倫海峽，團隊成功為「極地同行」籌得超過二十五萬港元的款項。

感謝「極地同行」創辦人盧俊賢與我們一起同行，為我們拍攝即時直播影片及照片，並在船上照顧我們

感謝「極地同行」創辦人盧俊賢與我們一起同行，為我們拍攝即時直播影片及照片，並在船上照顧我們

感謝「極地同行」創辦人盧俊賢與我們一起同行，為我們拍攝即時直播影片及照片，並在船上照顧我們

感謝「極地同行」創辦人盧俊賢與我們一起同行，為我們拍攝即時直播影片及照片，並在船上照顧我們

此次橫渡，團隊為「極地同行」籌得超過二十五萬港元的款項

展望未來的挑戰

隨著二〇二三年九月英倫海峽接力游泳的成功，團隊已經開始著眼於更具雄心壯志的未來挑戰。

在二〇二四年六月，Eliza參加了在瑞士日內瓦舉辦的一個為期五天的游泳訓練營。這個訓練營由一位曾成功橫渡英倫海峽的英國泳手擔任主辦教練，他帶領Eliza和其他隊友在日內瓦不同高度的湖泊中進行游泳訓練，同時分享他在橫渡海峽過程中的經驗，幫助Eliza和其他隊友改進游泳技術。

二〇二四年八月二十七日，Eliza將與三位前香港隊泳手吳家樂、李繼賢和吳慶華組成一支精銳接力隊，再次挑戰橫渡英倫海峽。

接下來，Eliza和Melody現正組隊籌劃在二〇二五年八月份進行往返接力橫渡英倫海峽的挑戰，泳程將會超過一百公里，目前正在與相關方面諮詢安排的細節和詳情。

然後，Eliza和Melody將在二〇二六年挑戰更高的目標：組隊挑戰英國蘇格蘭尼斯湖的來回橫渡游泳，全程約七十四公里，湖水十分冰冷，只有約攝氏十三至十四度的水溫，是一項極高難度的挑戰。目標不僅僅是完成這一壯舉，更是要打破世界紀錄，希望能創下世界最快的來回接力游泳時間。

此外，也積極考慮挑戰接力橫渡中國渤海、臺灣日月潭、愛爾蘭北海峽、日內瓦湖和香港環島游泳等等。

Fannie亦不斷安排三項鐵人的訓練、鍛鍊，積極參加在香港及海外各項三項鐵人的比賽。

通過這些挑戰，Eliza, Fannie和Melody希望能激勵更多女性勇敢追求自己的夢想，無論這些夢想有多遙不可及。她們希望通過自己的行動向世界展示，女性同樣能夠在高難度的體育領域中取得卓越成就。

Eliza,Fannie和Melody期許能通過自己的行動,激勵更多女性勇敢追求夢想

Eliza, Fannie和Melody期許能通過自己的行動，激勵更多女性勇敢追求夢想

在這條挑戰的道路上，Eliza, Fannie和Melody將繼續推動自己的極限，書寫屬於她們的傳奇故事。希望透過她們的故事激勵更多女生勇敢追求夢想，在堅持和勇於推動自我前行的力量下，任何目標都可以達到。

對於團隊來說，這些挑戰不僅僅是關於游泳和運動本身，更是一場多姿多彩的人生旅程。Eliza, Fannie和Melody將持續展現女性運動員的毅力和堅持，勇敢地面對每一次挑戰，並在這個過程中相互支持、學習和成長。通過這些挑戰，向世界展現女性的力量和決心，證明女性在任何領域中都能發光發熱。

二〇二三年十月三日，Eliza和Melody接受香港電台《體壇您有Say》訪問，分享有關橫渡英倫海峽的經歷。

感謝立法局議員鄭泳舜先生及香港電台邀請我們參與這個現場直播的電台節目，與聽眾及觀眾分享我們橫渡英倫海峽的有趣及難忘經歷。

大家可以重溫這個節目，從第十七分鐘開始至四十六分鐘：

團隊於二〇二三年十月六日獲商業電台邀請出席節目《有誰共鳴》的錄音準備。

《有誰共鳴》每集請來不同界別人士作嘉賓主持，由嘉賓挑選約八首心水歌曲，暢談每首歌背後對他們的意義，輕鬆地與聽眾分享他們的音樂選擇和生活體驗。

團隊一起與《極地同行》負責人Steve Lo為《有誰共鳴》節目錄音，分享橫渡英倫海峽的經歷。

香港電台《體壇您有Say》訪問

香港電台《體壇您有Say》訪問

團隊獲商業電台邀請出席節目《有誰共鳴》

團隊獲商業電台邀請出席節目《有誰共鳴》

二〇二四年一月一日，團隊被節目《流行都市》邀請，前往TVB電視城接受訪問錄影拍攝，與大家真情對話，分享橫渡英倫海峽的經歷。

《流行都市》是香港電視廣播有限公司製作的休閒資訊節目，訪問於二〇二四年一月十日星期三下午一時二十分至二時三十五分，在無線翡翠台播出。

節目主持姚嘉妮友善、親切，十分漂亮，並與我們一起拍Selfie留念。原來四位泳手都很上鏡啊！

團隊獲邀出席節目《流行都市》

團隊獲邀出席節目《流行都市》

團隊獲邀出席節目《流行都市》

團隊獲邀出席節目《流行都市》

各界好友的贈言

二〇二三年九月六日晨早四時（香港上午十時），香港四位泳手橫渡英倫海峽，用接力方式，由英國的多佛游到法國的加萊，有三十三公里途程。預算要游十多小時。

四人分別是鄭麗珊，陳利、張敏靈和劉桉瑜。

途中既有大浪、暗流，亦有水母、飄浮的垃圾阻擋、威脅。

四人以驚人的毅力完成壯舉，時間是十三小時三十五分。

本人游過香港渡海泳賽，曾獲冠軍，亦破過紀錄。亦在泳池賽千五賽事拿過冠軍，知道有浪、有水母的海賽是不易游的，游海賽比游池賽消耗更多體力，不擅海賽者實力游低兩、三成。

我為這四個香港泳手，大力鼓掌。

陳耀邦

世運及亞運選手　香港著名泳將

生命很脆弱，顯出人活著需要多大的勞苦和勇氣。對弱者而言，應付日常已經很不容易。要在忙碌的工作和家庭事務之外鍛煉出超凡的體格和意志，就更難了，何況要在一片汪洋中長時間游泳？橫渡英倫海峽，要求泳手有毅力、紀律、理性和把自己交托給團隊的信任態度。這樣的運動員使人衷心敬佩，厲害得有點遙遠。

　　豈料我竟然有機會認識部分隊員！我常常得知他們訓練的消息，還在不同場合和他們見面，甚至吃飯。如此接近又如此高大的英雄人物，原來也是生活中的朋友、緊接地氣的上班族。是什麼使他們完成這樣的壯舉？據我所知，就是一下一下地把水往後撥，每一下都向目標走近一點。沒有捷徑，沒有魔法，只有用功和堅持。

　　雖然比我年輕多了，你們都是我的好榜樣！

胡燕青

香港著名大學教授，詩人，作家

本人一直關注全球華人橫渡海峽活動，一直致力於中國橫渡海峽極限運動，並數次舉辦中國瓊洲海峽活動。

知道中國香港泳手橫渡英倫海峽活動，倍感驚喜和鼓舞。

泳手要面對工作壓力，面對各種橫渡時的天氣和海況，也要經過長時間的訓練，克服低溫、耐力、恐懼、孤獨、體能、泳技等等困難，挑戰自已的極限，香港獨有的獅子山精神，值得大家學習和敬佩。

香港橫渡團隊Marvel泳手四傑鄭麗珊、張敏靈、劉桉瑜、陳利，除了挑戰自己極限外，也不忘關懷慈善事業，這次透過（極地同行）慈善機構籌款有益於社會，值得大家點讚。

英倫海峽展風采
碧海劈浪泳闖蕩
香港四傑攜手進
不懼挑戰勇氣嘉

陳斌
香港著名泳將

成功以接力游泳橫渡英倫海峽的成員包括：鄭麗珊（Eliza）、張敏靈（Melody）、陳利（Leo）和劉桉瑜（Fannie），他們都是游泳高手，一起結盟成隊，實有著非比尋常的勇氣、目標、信念和體能；而風雨無間的長期自律訓練，對成功挑戰有著莫大關係。

　　在低溫、視野不清的大海中游呀游，團員間的互相信任、支持與鼓勵缺一不可，若不又怎可在一浪接一浪下完式成創舉，團隊精神乃是成功之源。

　　四位健兒的創舉說出，有志者事竟成並不只是口號，由信念化為動力，有序執行，奮力前進，才能成事！

陳圖安

傳媒界知名人士

三位女泳手，代表香港的精神和骨子內的意義，是沉默內斂，但並非等於沒什麼表現，而是一直保持向高空躍起超越的姿勢，這次橫渡，不單是她們的里程碑，不單是實現了一次完美的夢想，還是向國際間送出一個訊息：

　　我們其實很勁。

譚永成

香港蝶式名將

二〇二三年九月六日，睡夢中的英倫海峽被四位香港泳手喚醒，繼而，擁抱、歌唱、躍起、鼓掌……

　　一個人，可以有多少個身份？是兒女，是好友，是同事，是妻子／丈夫，是橫渡英倫海峽的勇士……。生命，如此不可思議、妙不可言──每分每秒，我們都有充足的理由綻放！

　　謝謝張敏靈、鄭麗珊、劉桉瑜和陳利當日的壯舉。至今，你們激起的海浪仍時時在我心頭澎湃。

席輝

香港著名女作家

本人很關注全球華人橫渡海峽活動，同時也非常熱心參與中國橫渡海峽極限運動。

　　但對於游泳橫渡海峽，我還是小白一枚。

　　香港橫渡團隊Marvel泳手四傑鄭麗珊、張敏靈，劉桉瑜、陳利的成功橫渡，泳手不畏艱險的精神值得學習和敬佩，見證了你們挑戰自己極限的高光時刻的同時，為你們不忘關懷慈善事業、透過「極地同行」慈善機構籌款、造福於社會點讚。

林子荷

中國著名泳將

自有紀錄以來，用「接力游泳」方式成功橫渡英倫海峽的香港人，只有兩組，一組兩男一女，另一組是三女一男。

橫渡英倫海峽需要戰勝冰冷的海水、洶湧的水流及凜冽的陣風，對體能的要求極高；加上泳手不可穿着保溫泳衣——在只有一件普通泳衣、一頂泳帽和一副泳鏡的情況下，要在漆黑寒冷的大海中抑制內心的恐懼，無畏地游往那隱約可見的地平線，這絕對不是一般女生能有的韌性與膽識。

鄭麗珊、張敏靈、劉桉瑜三位英雌巾幗不讓鬚眉，為香港女泳手寫下了光輝一頁。

橫渡英倫海峽的創舉，不僅證明了女性也可以超越自我、實現夢想，更為慈善機構「極地同行」籌得善款，讓這次的挑戰更具社會意義。在此，我除了向三位女將道賀外，請讓我說一聲：「謝謝！」

紫紗

香港著名女作家

自少喜愛游泳的Melody積極參與各項泳池及海賽事。

Melody在游泳比賽中認識了Eliza，開始了公開水域游泳旅程，在過往三年努力練習，積極備戰游英倫海峽。

英倫海峽的天氣有很大變數，游泳距離最少有三十五公里，由於潮汐和風浪，必須在要把握好的天氣出發，泳員在凌晨開始啟程，在天未光的情況下游泳對泳員應變能力要求相當大。

四位勇敢香港泳員，挑戰極限接力方式，游了十三小時三十五分鐘，游畢約五十公里，成功完成橫渡英倫海峽。

恭喜恭喜。

劉志雄

前亞運游泳選手　香港著名教練

在疫情下，Melody不斷堅持努力，無懼寒風雨打，始終把心願達成，這過程為你人生寫下光輝的一頁，亦令家人驕傲，更為香港爭光，願你保持這份鬥志，直到永遠。

Tina Leng Gomes

I am honoured to be invited by Melody to write a few words for this magnum opus. I have known Melody for almost a decade in the work context. She is a nice colleague and a supportive friend of mine. I am deeply moved by the Channel Swim and proud of Melody for completing such an amazing job under the adverse weather and unpredictable circumstances of the open water！ Melody's and her team's stamina and determination is motivational. I hope this book will inspire its readers and promote sports to the wider public in Hong Kong and the Greater China.

Pearl Lam

在卡地亞認識Melody多年，第一次聽她說游水，還以為是「游乾水」（打麻將）！

極地橫渡英倫海峽這件事，實在太癲太勵志。

由夢想到真的完成創舉，除展現出四位泳手的信念、毅力、勇敢、友誼及互愛之外，更完美示範了生命影響生命的能力。

每日營營役役在辦公室拼搏的我們，也可以從實踐自己的小念頭開始，從Melody的示範可以肯定，追逐夢想不一定難過登天，只要肯踏出第一步……，共勉之。

沈曉敏（Eva Shum）

本人從事游泳訓練工作四十二年資歷，一向著重游泳技巧為主，和泳員的體力如何加速恢復，特別是成年的泳手。所以當劉桉瑜告訴我要和其他泳手參加橫渡英倫海峽，雖然有些感覺意外，但她在我心目中一向是位好泳手，體力好，意志強，鍥而不捨，所以我知道，並無問題，她一定可以完成目標。

　　非常欣賞她的追夢理想，也是任何運動員一生的境界，我告訴她：追求夢想，也一定要經過詳細的安排，艱苦的訓練，這是不容忽視的程序，天時地利，重要仍然是自己在身體和心理上的配合。

　　萬一失敗又如何？無所謂，可以一次一次地繼續下去，到達目標而後已。

　　即使有一個夢想，能夠完成，已經是今生無悔。

林德明總教練

海豐泳會

在我任教港大中醫藥學院期間，Fannie是最有運動格的學生，沒有之一。大前年，Fannie在中環宣布：「老師，我將游水接力挑戰英倫海峽。」

這相當於登上珠峰，挑戰體能與意志的極限，體悟生命的真諦、存在的意義，我當即表示堅定支持！我研究過登珠峰的電影與傳記，有過幾近瘋狂的衝動，但常常會冷靜下來。

Fannie與隊友，終於經歷多年磨練，清晨、黑夜，冬天的寒冷，漆黑中的風浪，水母、鯊魚出沒，靠強勁的膽氣。在出發前的「壯行宴」，我說：「一定成功！」泳手們在香港的歷史記下了一筆，鼓舞了港人，還為「極地同行」機構籌到一筆善款，發心義舉甚為可嘉。

重要的記在後，Fannie運用其中醫學識配制了中藥食療抗寒大補方，抵禦水寒，經親身實驗，游水不覺得寒冷，見證中醫藥的奇效！

陳潤球博士
原香港大學中醫藥學院

首先聽到Fannie講要游水橫越英倫海峽，第一反應是驚訝，雖然我本身都是一位有經驗的泳手，但從未想過會游如此長距離。

Fannie是泳班的中堅份子，每課訓練都會出現，一星期游足星期一、三、五三課，其中星期三早課是早上六點半開始訓練，由此可見，Fannie對運動的重視及堅持，亦帶動一眾隊友更熱血地追尋自己夢想，繼續落力地實踐目標。

GoGoalSportsltd

三項鐵人教練梁嘉倫

不要以為港女只懂得減壓放負。

買買買，或只識得上班和睡覺，只顧吃喝玩樂！這件真人真事，絕對可以顛覆我們對港女的認知。

她們說到做到，挑戰自我（嚴寒跳下海為熟悉水性……），排除萬難，她們最終成功橫渡了英倫海峽。

沒有錯！是由英國游到法國！

不知道，你的人生正計劃着什麼樣的挑戰呢？試找找看，no pain no gain 相信你一定會越戰越勇，邁向豐盛人生！

Cathy Yao

知名藝術家

在中學時期已經認識Melody。

她經常邀請我到她家一起吃喝玩樂。後來知道她熱愛游泳，以及根本是一名游泳健將，風雨不改地勤於練習。

她對游泳的熱情經過這麼多年仍是沒有減退。

這次成功橫渡英倫海峽，衷心佩服。

期待Melody下一個人生創舉！

Elsa Lee

Atravessa o Canal da Mancha a nado é uma grande conquista que nem todos conseguem alcançar. É tudo uma questao de paixão, determinação, resistência e também dedicação. E você FEZ isso. Estou orgulhoso de si.

Francisco Eusebio Ambrosio Gomes

I must commend Melody and her team on the achievement of completing the swim across the English Channel, for I am sure will be the 1st of many to come for this is only the beginning.

Melody, a friend, sister, family whom I have gotten to know for the past 15 years where our friendship transcends generations is a beacon of inspiration. She ignites the spark within us all, that dreams and passion is irrelevant of age but unwavering dedication and commitment, especially giving up her sleep-ins on the weekends which is something she cherishes, and braving the cold winds and weather during the winter months is what makes dreams become possible.

May your courage and positive outlook in life continue to influence those around you !

Sharon Mok

Uncle同Auntie為Melody改了一個好名字。

身手矯健,機靈敏捷,正正代表著她。

Melody是我的中學同學,初中已經認識她了,Melody當時已經是游泳健將,每當同學放學回家休息的時候,Melody卻在灣仔訓練池努力練水,她的付出確實比別人多。

早前得悉她參與極地橫渡英倫海峽,我知道除了需要大量的體能外,勇氣也是很重要;對這個好朋友,除了支持,還是支持。

現在,夢想達成了,作為你好朋友,我深深感受到你那份興奮,也為你感到驕傲。

Ivy Lui 呂藹斯

Melody身邊總有一大堆朋友,性格開朗直率,幽默風趣,大家都很喜歡與她聚在一起。

她今次不但成功完成創舉,達成了個人夢想,亦都感染了身邊的朋友們無論什麼年紀都應該勇敢追逐夢想和挑戰自己!期待她繼續挑戰自己,發光發亮!"Dream Big! Sparkle more! Shine bright!"

Silvia Tam 譚詩敏

メロディーには、私が2010年に来港してからずっとお世話になっています。最初は同僚として同じ職場で毎日顔を合わしていましたが、離職したこともあり話す機会はたまにある食事会だけでした。突然のように、趣味の水泳を再開することにした、と報告されました。それからメロディーが輝き始めました。私も彼女も40歳は超えていたと思います。その後の彼女の水泳に対する情熱と努力を目の当たりにし、驚かされるばかりでした。そして次々と大会でメダル獲得、最終的にはイギリス海峡を泳いで横断するとは実際信じられませんでした。彼女のお陰で成功とは自分にとって何が重要なことかを再確認し、歳だから、仕事が忙しいからと諦めず、それを追っかけることなんだと改めて考えさせられました。彼女にからもらった希望と勇気は無駄にせず、自分も何かをやり遂げてみたいと思いました。

Tamami Shudo Bord

認識Melody是在頂級珠寶奢侈品牌共事之時，但在Melody座位前總會響起親切之笑聲，跟她圍爐吹水永遠都juicy爆笑，同時感受到她對朋友及家人真摯的關懷！

很驚訝地知悉，她從賽池游到維多利亞港，跨越一個接一個的賽事，奪得一個又一個的獎項，最後更挑戰橫渡英倫海峽，完成了此歷史的壯舉！

Melody不獨是品牌的高級行政人員，同時更是一個業餘的游泳悍將！

在工作的範疇上我們都曾遇過樽頸屏障，與人事關係的煩擾挑戰，Melody卻乘風破浪，在風急浪高的人生驚濤中自我突破，並激勵著身邊的同行好友！

相信Melody游泳的興趣及才能，都是從游泳健父親David傳承與培育而來！

而Melody母親Ellen更是傳播及文化界資深的前輩，有幸到她家作客，每次都能品嘗到伯母親自炮製的美味佳肴，回味無窮！還有Melody的老公Paul是公認之體貼暖男，默默在背後支持Melody，羨煞旁人！

鄭敏聰（Antony Geun）

心理治療師，名作家

能認識到Melody及她家人是我的福份！

自小就識張敏靈，果然敏捷靈巧！

若干年後再見，跟我操練，仍然是專注和熱情，準時練習，疫情時候所有泳池停開，身為教練，我建議在海灘操練，風雨不改，甚至四季如此，開始真正的Open water生涯。

去年參與她生命中第一次橫渡英倫海峽，事前預備十足。

晚上在淺水灣，冬天八、九度，晨早繼續練習，果然高度取決於態度。

她的座右銘：堅毅不捨。

在成功路上也不遠了！

朱國新

港隊三項鐵人教練

這三個女泳手不簡單。她們都有著過人的專注力、毅力與不畏懼的精神。在日常生活中，遇到困境時我會想，她們連英倫海峽都橫渡了，我這點難題算什麼。她們不知道她們的事跡起了這樣的鼓舞作用。可人誰不是，在任何時刻不自覺地影響著身邊的人呢。

　　但我們沒有人是超人。堅強也包含著忍耐與接納。接納自己也接納別人。擁抱成功同時也擁抱恐懼。壓死駱駝的可以是一根稻草，游到彼岸的也可以靠著一口氣。而這一口氣，是大家齊聲發出的，缺一不可。

鄭山

精神科醫生

先祝三位超級香港泳手，克服波濤澎湃的英倫海峽，為香港增加光采。

凱旋歸來，百尺竿頭，更進十步。

此外還推動香港的游泳運動，令國外國內，更知道香港的游泳選手，達到國際及世界級的水平。

也推動了更多年輕人，及準備放棄游泳運動的中老年，往更多空間發展，再不是夢想中的構圖。

本人的興趣和海上運動一脈而生，特別注意每個泳手長期運動，知道終歸也有損壞的一日。

尤其是在軟組織和關節方面，所有長途泳手，橫渡任何海峽，更加需要在醫療方面的照顧。

希望妳們繼續奮鬥，征服更多海峽，這不是尋常的個人夢想，也是置之四海的偉大夢想。

李克強

香港技術潛水會主席

臨床運動創傷及軟組織退化集團首席顧問

橫渡英倫海峽，在不善泳者聽來真是壯舉。

文友凌愛倫與草川的寶貝女兒Melody張敏靈，與Eliza鄭麗珊、Leo陳利、Fannie劉桉瑜，以接力游泳方式橫渡英法海峽，由英國多佛爾到法國的加萊，這四位香港飛魚成功挑戰難度，更為本港慈善機構「極地同行」籌得善款。

《我們橫渡英倫海峽》正是紀述四位游泳健將這一次的人生盛事。浮生於世，我們都各有美夢，欲上青天攬明月，發夢不如行動，這本書非常值得細看，既勵志又充滿正能量。超讚。

方舒眉

香港著名專欄作家

馬星原

香港插圖大師

Fannie是我自由潛水學生中進步最快的，可能是她本泳術好，體格強健，學習新的運動技巧很快便上手。但當她告訴我要去橫跨英倫海峽時，我第一時間便嘩了出來，那可真不是一般的挑戰，那跟自由潛水下一百米一般困難，沒有保暖衣日以繼夜地浸在冰冷的海水中，面對難以預測的天氣及海流，無論體能上及精神上均是一項極大挑戰。不過人生就是需要這種挑戰，不去嘗試就永久不知道自己的能耐去到那裡，真幸運可以認識Fannie這位朋友，再次見識到香港人的堅毅。

Chris Cheung
香港自由潛水協會會長

泳不放棄的香港人

運動不只是強身健體，還是一個追尋夢想、超越極限的過程。

這本書《我們曾經橫渡英倫海峽》，記錄了這次創舉中的團隊故事，他們是香港人的驕傲，相信能激發更多人，特別是年輕人，勇敢面對困難及挑戰，實現自我。

這次橫渡英倫海峽團隊的隊長Eliza是我的好友，大家都是香港體育學院董事局成員，為香港體壇服務。

十分佩服Eliza不斷身體力行，繼二〇一八年以接力方式橫渡海南瓊州海峽、二〇二〇年橫渡英倫海峽及二〇二二年橫渡蘇格蘭尼斯湖後，Eliza這次帶領三位香港泳手泳闖英倫海峽，所得的支持捐款亦贈予本港慈善機構，實在是非常有意義的創舉。

作為三項鐵人愛好者，深知長時間的渡海泳絕非易事，我曾在香港電台的體育節目訪問過Eliza及Melody，這支堅強的香港泳手團隊，不但要克服寒冷的海水、強風大浪等多種困難，超越體力極限，而且在面對孤獨、黑暗和充滿不確定性的大海時，更需要展現驚人的毅力和勇氣，以及團隊合作的精神。

不論你是挑戰常人難及的運動極限，抑或正面對生活的驚濤駭浪，這本書都能帶給你莫大的啟示。

鄭泳舜

香港立法會議員　香港體育學院董事局副主席

在生命的編織中，有些細線卻交織出深刻的故事。在《我們曾經橫渡英倫海峽》的頁面中，誠邀您隨著我珍愛的朋友Eliza及她的隊友Leo，Melody和Fannie一同踏上一段難忘的旅程，以十三小時三十五分鐘完成這個創舉。

數十年來，我和Eliza亦師亦友，從大家無憂無慮的日子到面對成年的挑戰，經歷人生的不同篇章。想不到在我正開始放慢腳步的同時，正處於人生勝利組高位的Eliza竟迎來了一場非凡的變革～從一位成功的律師和法律事務所合夥人變身成為公開水域泳手，與隊友一起勇闖橫渡英倫海峽。

曾經作為她的教練和多年的朋友，我深知她以沉默奮鬥和勝利的喜悅，彩繪她存在的畫布。在法律實踐的繁忙走廊和母親角色的喧囂大廳中～她以嫻熟的手法應對種種責任，找到了一股力量，支持她追求新的熱情。游泳池是她從前的庇護所，而廣闊的海域則是她挑戰的新場地。

這本書不僅僅是一個描繪艱辛訓練和過程的敘述；它是對人類精神克服自身能力及畏懼的探索。通過這本書，您將感受到團隊揹負挑戰的重擔、成功的喜悅以及共享笑聲的回音。

近年正處於風雨飄搖的時代，當中所感受到對未知的恐懼，實在需要有著Eliza及她的團隊般的韌性及正能量，推動一個人逆流而上對抗生活的不確定性。

當您深入閱讀這個故事時，願您被啟發，以堅定的信念應對自己的海洋，即使逆著最強烈的激流，人的精神也能綻放勝利的光芒。

鄧浩光（Anthony Tang）

香港游泳名將　香港游泳隊前教練

有人問，為何要橫渡英倫海峽，不是比賽，沒有獎金，在舒適的沙發上看別人游泳不好嗎？在冰冷波湧的英倫海峽游泳是相對反常的。

但在另一些人心中，橫渡英倫海峽的原因只有一個，就是「它在」。英倫海峽已經「在」那，隔著兩岸英國和法國，有起點，有終點，那就游過去吧。

過馬路只需要十數秒，橫渡英倫海峽可要十多小時啊。

二〇二三年橫渡英倫海峽隊員Eliza, Melody, Leo和Fannie所選擇的旅程不是容易的，但他們決定跳出自己的舒適圈，在各團員互相支持下，共同完成這次挑戰。

他們這次的口號是「極地同游」，因為橫渡英倫海峽是極之艱辛，需要極大的勇氣及堅韌的毅力。

他們也為香港一個慈善機構「極地同行」籌款，「極地同行」的宗旨就是傷健共融，鼓勵大家對社會上殘障人士同他們的家人給予平等接納的態度，彼此扶持。

那麼，親愛的讀者們，您們願意在您日常生活裏，尋找一些不平凡的意義嗎？會反邏輯地給自己一些挑戰嗎？希望這本書能帶給你一些鼓勵和力量，偶然跳出自己的舒適圈，去探索自己的潛力。

吳慶華（Angela Ng）

香港著名泳將

在這個充滿挑戰的新時代，每個人應對各種困難的同時，可能會激發出自己真正的潛能，並為他人樹立榜樣。

Eliza組織的四人團隊，花上逾兩年時間，進行地獄式的鍛鍊，成功突破體能與心靈極限，完成接力橫渡英倫海峽的夢想，在這創舉中展現的毅力和堅持，令人敬佩。

與Eliza認識相近廿年，我倆都是香港律師會的活躍成員，致力推動女性在法律界的地位。二〇一八年我有幸當選為香港律師會創會一百一十一年以來的首位女會長；而Eliza專心法律工作的同時，曾是港隊代表的她，亦非常積極在香港律師會推動游泳運動，曾任香港律師會康樂及體育委員會主席、現任香港律師會榮譽游泳隊長。

我的姨母陳嫣屏年輕的時候是一位優秀的游泳運動員，她是香港女子蛙泳冠軍，曾任中國游泳協會秘書長和國家體委游泳處前處長，她為中國游泳事業貢獻畢生精力。姨母在游泳界別上有著如此淵源，令我對游泳運動有著特別的情感和關注。

我衷心祝賀Eliza和她的團隊完成了橫渡英倫海峽的壯舉，成功征服這個被喻為「海上珠穆朗瑪峰」的海峽，為香港社會發放正能量。他們的故事激勵我們：無論面對什麼逆境、困難或挑戰，只要心存堅定目標，相信自己的潛力，勇敢面對黑暗、邁步向前，定能一一超越、跨過。

彭韻僖律師
Melissa Pang　BBS,MH,JP

鄭麗珊律師是香港大學法律學院的優秀校友，她於一九九一年獲得法律學士（LLB）學位，並於一九九二年獲得法學專業證書（PCLL），鄭律師不僅在學業上取得了優秀的成績，她還曾擔任我們的兼職老師，教學嚴謹，得到學生們近乎完美的評價。

我們的許多校友在各個領域都有著卓越的表現，為香港社會做出了重要貢獻。然而，鄭律師的成就是獨特的。這次她帶領的香港團隊勇闖英倫海峽，成功取得目標，展現了香港泳手無畏、堅韌、向上的精神和氣概，也為香港大學和香港的律師贏得了榮譽和尊重。

鄭律師的成功不僅為律師界帶來了光彩，還為我們的學生樹立了一個優秀的榜樣，鼓勵我們的同學勇敢地面對困難，再接再厲，追求自己的夢想。

傅華伶教授
香港大學法律學院院長
Professor Hualing Fu
Dean of the Faculty of Law of the University of Hong Kong

我小時候曾經遇溺，長大後，幾經辛苦才能在泳池展示有限的泳術。對深不見底的海洋，我至今依然有一份難言的恐懼，因此，我由衷羨慕擅於游泳的人，對Eliza和她的隊友Fannie、Leo和Melody，我更是佩服得五體投地。

Eliza從小熱愛游泳。她不單是學校泳隊猛將，還是香港游泳隊成員。她和其他三位泳術了得的隊員接力橫渡英倫海峽，成功完成壯舉，我深受他們的決心、毅力、意志力和勇氣感動。

為自己訂立一個富意義且極具挑戰性的目標，是決心。

為達目標，不惜犧牲休息時間，兩年多以來每星期進行幾次嚴格訓練，是毅力。

在寒風凜冽中，跳下冰冷刺骨的海水，靠着一盞領航的燈光，往遙遠的彼岸游去，是勇氣和意志力。

Eliza的和團隊的成就，不僅是通過努力不懈與同心合力來實踐夢想的範例，他們更憑完成此項挑戰籌得善款，為有需要的殘疾人士帶來溫暖，善舉令人敬佩。願Eliza和團隊的成就激勵每一位正在橫渡生命海峽的健兒，讓正在努力實踐抱負的人都看到亮光，克服困難，勇毅前行。

聖士提反女子中學校長

周維珠

「媽媽，英倫海峽風高浪急，我非常擔心妳的安全！」女兒在我妻子Eliza赴英國前非常擔心地說道。

有些人的夢想選擇攀登高山，有些人選擇征服沙漠，而Eliza選擇了挑戰英倫海峽。

Eliza在小學和中學時期長時間接受艱苦的游泳訓練，每天清晨起床到游泳池進行訓練或接受體能訓練，然後返回學校上課，中午趁午餐時間完成學校作業，放學後再次前往游泳池參加晚間訓練，風雨不改。不怕困難，勇於挑戰各種目標的性格是在童年時期培養出來的。

這次海峽之旅，Eliza需要面對寒冷的海水和洶湧的浪潮，亦要安排報名及行程以及照顧隊友，看見Eliza面對繁重的工作令她身心疲累，但Eliza始終堅持著她的夢。

我和孩子們，還有Eliza的父母和兄姊妹給予她無盡的鼓勵和支持。

Eliza的勇氣和毅力不僅是一種榜樣，更是她給予孩子們最珍貴的禮物。

Eliza往後仍會不斷挑戰新的目標，而我會一直在旁守護，成為她的後盾，與她並肩前行。

希望這本書能激勵大家，相信看似遙不可及的夢想，只要堅持和執著，總有一天能夠實現。

吳永浩醫生

當媽媽向我們分享她計劃橫渡英倫海峽時，我真的感到很驚訝和意外。

　　看著媽媽橫渡英倫海峽的時候，我的心情真是百感交集，我很擔心她可能無法成功完成任務，甚至可能在途中遭遇上危險或被巨浪沖走。

　　從視頻轉播中看着她跳入黑暗的水域的一剎那，我的眼淚不由自主地湧上眼眶，為她的安全感到很擔心。

　　多年來，我見證了媽媽在律師樓處理超級繁重的工作，並且要照顧家庭，看到她每個週末週日在大清早起床，睡眼惺忪前往淺水灣訓練應付橫渡海峽的挑戰。

　　媽媽的旅程展現了她驚人的毅力和決心，除了辛勤工作，細心照顧家庭，媽媽亦同時努力追求她的夢想，能力超出了所有人的期望。她不僅是一名出色的運動員，也是一位非凡的母親，她是我和哥哥Ryan的好榜樣。

　　媽媽，我愛您！永遠支持您繼續追求夢想，為您加油打氣！

愛您的女兒吳穎彤

（Eliza的女兒）

As I sit down to pen this foreword for my mom's extraordinary journey, I am filled with an immense sense of pride and admiration. This book is not just a tale of physical endurance and the triumph of crossing the English Channel not once, but twice; it is a story of unwavering commitment, incredible resilience, and the power of faith. My mom, a full-time solicitor by profession, a dedicated mother, and an unparalleled adventurer at heart, has always been a beacon of strength and inspiration for my twin sister and I. Amidst the demanding hours of her career and the responsibilities of nurturing a family, she found a profound calling in the open waters, a testament to her indomitable spirit. Her journey to the Channel was paved with early mornings and disciplined training. Every weekend, without fail, she would wake up at the crack of dawn to embrace the cold, open waters, preparing her body and mind for the Herculean task ahead. This meticulous preparation was not just about physical readiness; it was a testament to her belief that with dedication and hard work, any challenge could be overcome.

Balancing her professional duties, family responsibilities, and intense training regimen, my mom embodied the essence of perseverance and hard work. She has always taught us the value of discipline, the importance of dedication, and the power of believing in oneself. Her mantra, "in faith go forward," resonates deeply within our family ethos. It is a principle that she not only preached but lived by, making the impossible seem within reach, guiding us to face life's challenges with courage and optimism.

This book is more than an account of a remarkable physical feat; it is a journey that inspires, motivates, and encourages us to pursue our dreams with unwavering faith and relentless determination. As you turn the pages of this book, I hope you find inspiration in her story, courage in her convictions, and the belief that with faith and hard work, the impossible is merely an illusion.

Let us all go forward, in faith.

Ryan Ng
(Son of Eliza)

我在一九九一年認識Eliza，當時她作為大學暑期實習生加入了我創立的鄭楊律師行作暑期實習。

　　一九九二年成為我律師行的見習律師，從那時起，我見證了她從一位見習律師成長為一名優秀的律師，並在一九九六年成為合夥人，二〇一〇年成為管理合夥人，並擔任多項社會公職。

　　她在法律事業上的成就令人欣賞，而她在游泳領域的成就同樣值得稱讚。

　　Eliza的父母對游泳充滿熱情，亦感染了Eliza從小熱愛這項運動。Eliza不僅熱愛法律工作，對游泳也投入了同等的熱情和努力。她的堅毅和嚴謹紀律的品格，不僅幫助她在法律領域取得成功，也使她在游泳方面獲得了成就。

　　在這本書中，Eliza和她的隊友Melody、Fannie和Leo分享了他們如何克服寒冷的水溫、洶湧的波浪以及在黑暗中游泳的挑戰，成功地完成了這項艱巨的接力游泳。雖然游泳是個人運動，但在這次橫渡接力中，團隊合作和互助的支持顯得尤為重要。Eliza的親和力和友善的性格使她成為出色的隊長，帶領團隊完成了這項艱難的任務。

　　作為她在法律工作方面的師父，在過去的三十三年我見證了Eliza在游泳和法律事業上的成長和成就，我為她感到驕傲。

　　衷心希望Eliza和她團隊的故事能夠激勵每一位讀者，無論在生活的哪個領域，都要勇於追求夢想，堅持不懈。

楊元彬律師

鄭楊律師行創始人及資深合夥人

《我們曾經橫渡英倫海峽》，Eliza卻不只一次「曾經」，而是兩度成功帶隊橫渡那被稱為「開放水域界珠穆朗瑪峰」的英倫海峽，成為首支橫渡英倫海峽的香港泳隊。

Eliza兩次皆以隊長身份，帶領團隊完成那艱鉅的任務，此外亦曾帶隊成功挑戰尼斯湖打破接力紀錄，以及越過海南瓊州海峽。正如長跑一樣，每個人皆有軟弱之時，在運動之中，我們往往須真誠面對自己，直接與身心靈對話，克服的不單是外在茫茫海洋凜冽冰寒，又或是狂風怒嘯驚濤暗湧，亦有來自心靈深處偷襲作祟的「心魔」。

作為隊長，如何鼓勵隊友跨越難關，互相扶持，完成目標，擔當着重要的角色，難得Eliza每能為與隊友砥礪同行，盡心盡力出謀獻策為大家解難分憂，令團隊創下佳績，同時為慈善作出貢獻。

德蘭修女嘗言：「I alone cannot change the world, but I can cast a stone across the waters to create many ripples.（我雖未能改變世界，但投石水中，卻能泛起無盡漣漪。）」

團隊藉此書分享他們橫渡英倫海峽過程中各種艱辛與挑戰，為慈善出心出力，展現堅毅不屈的精神，啟迪人心。

Eliza活得精采之餘，更帶着愛心提攜後輩，令人敬佩。期望他們的經驗能在讀者的心中泛起漣漪，讓更多人敢於挑戰自己，迎難奮進，造福社會。

張樹槐（Walter）

馬拉松達人　香港「恒生乒乓球院」創辦人

一場突如其來的疫情，人們的價值觀念出現了新的變化，我們更珍惜自己所擁有的，重新反思生命的意義。

於二〇二三年九月初，我的妹妹隊長Eliza及其團隊泳手，為慈善組織（Wheel for Oneness 極地同行）籌募經費，他們各有自己專業，工作繁忙，各隊員仍努力不懈，艱辛集訓，其間行程遇超級颱風險阻，最終成功橫渡英倫海峽完成使命及夢想，體現助人自助，生命的價值及意義。

佩服妹妹隊長Eliza的領導才能及各泳手的堅毅，發揮不屈不撓香港人之精神，令香港人引以為傲。

鄭麗貞

Cecile Cheng　（Eliza的大家姐）

Eliza, in my mind you are forever the super role model. Be it your family, career, devotion to swimming, or contribution to the society, you always give your utmost for perfection. So proud to be your friend.

With Love

Hilda Wong

當得悉五妹Eliza正準備出版勵志自傳有關她與泳友橫渡英倫海峽的經歷時，首先在我腦海湧現的是《禮記》所講：「大學之道，在明明德，在親民，在止於至善。（What the Great Learning teaches, is to illustrate illustrious virtue; to renovate the people; and to rest in the highest excellence.）」。

　　五妹生性善良、正直、聰慧，既睿智、堅毅又嫻淑端莊，且富俠義精神。她的種種經歷、心路、克服困難及跨越障礙的毅力、勇氣和決心，都值得紀錄下來並與眾人分享，尤其是為正處於逆境，備受壓力考驗與煎熬者，提供借鏡、啟發與鼓勵動力。

　　猶如英國戰時首相丘吉爾（Winston Churchill）名言："Success is not final, failure is not fatal, it is the courage to continue that counts.（成功不是終點，失敗也不致命，最重要是勇往直前，繼續奮鬥不懈。）"

鄭志誠

國家中醫執業醫師

（Eliza的三哥）

從小到大，我深刻了解到Eliza姨媽在游泳中取得成功是需要不斷刻苦練習和努力。無論在人生的哪個階段，我們都會經歷灰心和失敗，甚至有放棄的念頭。然而，Eliza姨媽以她的努力進取和永不言敗的精神鼓舞著我們，一次又一次地證明實現生活目標並非是不可能的事情。

Wong Tsz Wui Darren黃子滙

　　Eliza is nicknamed "太后" and "Wonder Woman" among her close friends for good reasons. She won't let her dreams left unfulfilled and she can do wonders in every aspect of her life. Conquering the English Channel in relay swim for two times... braving the Qiongzhou Strait in China the Loch Ness in Scotland...as the first Chinese woman captain from Hong Kong is indeed an admirable expression of character from a wonderful woman with a great heart. The future of Hong Kong will certainly be brighter with more characters like Eliza.

Shared by William Kwan with immense pride.

The Eliza Chang I know is Elegant, Loyal, Intelligent, Zesty and Adorable······ at times.

It is with great pleasure that I introduce you to the remarkable journey of Eliza; whose passion and tenacity have propelled her to incredible heights in both the legal community and the world of swimming.

Beneath the surface of Eliza's legal prowess lies a passion for swimming that has defined Eliza in ways unimaginable. Swimming has allowed Eliza to develop a resolute determination to conquer all challenges that came her way.

As you immerse yourself in this book, be prepared to be captivated by Eliza's unique character. Her words will inspire you to embrace your passions, to dive head first into the depths of your dreams, and to emerge stronger and wiser than ever before.

Hung Wan Shun, Stephen　熊運信律師

Past President of the Law Society of Hong Kong

Growing up, I have never been very athletic or sporty. I spent most of my time training as a musician, spending time with my choir mates, or practicing instruments in a rehearsal room - not understanding what joy people saw in doing physical activities. However, through my god-mother Eliza, I started to see how sports wasn't just a physical activity; sports fosters community and poses you a challenge, both mentally and physically. And so, my god-mother successfully inspired me to step out of my comfort zone and into her world of swimming.

For six consecutive years, I joined my god-mother and her Hong Kong Law Society swim team for an annual New Year Winter swim in Hong Kong. This consisted of waking up bright and early on January 1st, not partying too hard the night before, meeting up at 7am for a McDonald's breakfast with my family and family friends, and setting off to join thousands of other people on the shores of Middle Bay beach, ready for our 650 metre swim to the opposing Repulse Bay beach.

My god-mother was always focused, organising the entire coordination of 40-50 people swimming alongside her. At the same time, she was warm, caring, and thought about all the things that her fellow swimmers may need: body oil to stay warm, water for hydration, instructions of how to stick together, and even the motivation of a dim sum lunch afterwards as a celebration.

I hate the cold. I don't love swimming. And I despise waking up early. But for some reason, I enjoyed every moment of this process and volunteered to do it for six years. The draw for me was the community aspect. Eliza brought everyone together with a united goal: to challenge yourself and support your community through swimming.

I learnt so much about the extent of my determination, feeling a sense of camaraderie with all of the strangers swimming alongside me, trying to figure out what their individual and group motivations may be.

Eliza gave me the opportunity to do something unexpected, challenge myself at the start of every new year, and spend time with those I loved. There was such a thrill: entering the ice cold water for the first time, rallying through the waves, cheering on my younger god-siblings and making sure we could have a laugh while we swam.

My god-mother's determination enthralled me. She seemingly can do it all: mother of two, incredible wife, law firm partner, record breaking swimmer, food connoisseur - I could go on. It was a privilege and joy for me to be able to experience part of her swimming world and get a glimpse of the joy in what she does.

Seeing her conquer the UK English Channel for two times with her team has been incredible. I'm so very proud of my god-mother. Her boundless limits are endlessly inspiring. Thank you for taking me on part of your journey. I can't wait to see what you accomplish next!

Love, Jason Kwan
(God-son of Eliza Chang)

當我站在和生命搏鬥的邊緣，分享一個關於改變了我對生命看法的故事。

　　我，自九歲開始，便跟隨著極地同行這個慈善組織的創辦人，盧俊賢Steve Lo。

　　這本書講述了二○二三年九月六日的一個故事，四位堅毅的香港人，隊長Eliza、Melody、Leo和Fannie，組成了極地同遊游泳接力隊伍。兩年的時間備戰，極低的溫度，漆黑的大海，英國到法國的橫渡之旅，全程用時十三多個小時。

　　在浩瀚的大海中勇敢地奮鬥。

　　我和家人，慈善機構的夥伴，見證了他們的壯舉。

　　我們關注著Steve在船上的網上直播，看著他們被巨浪沖激，偏離游泳路線，無數的水母環繞著他們，熱血澎湃又觸目驚心。

　　在這次橫越英倫海峽，我不僅是一位觀眾，更是一位受益者。

　　這本書成功地鑄造了推廣共融社會的鎖匙。他們身體力行，向讀者展示了何謂奮鬥和追求夢想的真正含義。

陳梓鍵

蝸牛仔

在這個令人震撼和鼓舞的故事中，我有幸親身見證了四位香港游泳愛好者的奮鬥及橫渡時候的經歷。

這次壯舉展現了各隊員真正的毅力，一開始便要面對疫情和自然災害的雙重打擊。航班因為強烈颱風而受阻，但這支不畏艱難的隊伍堅持不懈，最終順利到達英國多佛，準備投入下一步的挑戰。

這是一場充滿緊張和感動的旅程，每一棒的接力都是一個挑戰，每一刻都充滿了期待和不確定性。

這部著作不僅僅是一個冒險故事的敘述，更是一份對奮鬥的頌歌。

這四位游泳愛好者的故事是一份無私奉獻的禮物，它告訴我們，正是在挑戰極限的過程中，我們才能真正發現自己的內在潛能。

身為這次慈善游泳接力橫渡英倫海峽活動的受惠機構負責人，我感到非常驕傲和感激。

盧俊賢（Steve Lo）

極地同行・社會共融及青少年德育發展平台

慈善組織創辦人

三位泳手的內心說話

09

鄭麗珊（Eliza）

　　水面下的每一次划水，都是向著夢想邁進的堅定步伐。在橫渡英倫海峽過程中讓我找到了我的天空，只要勇敢踏出第一步，無邊的海洋都是屬於我的舞台。

　　當我遙望英倫海峽，心中充滿了敬畏，我體會到人類在時間和空間中的微小。

　　橫渡英倫海峽不只是一段路程，而是一次生命的淬煉，教會我勇敢與堅持。

游過英倫海峽的那一刻，我明白了：生活不在於抵達終點，而在於沿途的風景和勇氣。

別讓年齡成為阻礙，持續認真生活，我們都能在生命的海洋中揚帆遠航，追尋屬於自己的精彩。

每位女性都擁有無限的可能，靠自己創造生活的平衡。今天看來難關重重，明天回望小事一樁，只要你想到就會做到。

每當我感到疲憊時，就對自己說：「再堅持一下，你能做到。」面對著浩瀚的海峽，我學會了尊重自然的力量，同時也認識到了自己內心的力量。

不要害怕追求那些看似遙不可及的夢想。就像我們橫渡英倫海峽一樣，每一個挑戰都是一次成長的機會，每一次努力都使我們更加堅強。

夢想，不在於抵達的速度，而在於勇於踏出第一步的勇氣。

年齡從來不是夢想的終點站，而是新旅程的起點。每一天，都是向自己證明，無論年紀多大，生活都充滿無限可能的好機會，每個階段的人生都有其獨特價值。

張敏靈（Melody）

　　沒有想像中的轟轟烈烈的感覺，要謝謝天氣，朋友的鼓勵和相公的支持，父母的打氣，上岸強烈需要，是一張舒服的床，美味的食物。

　　完成了整個橫渡的過程，彷彿不那麼偉大，因為很多夢想還未完成呢。

　　也許是繼續去夢想吧，直到體力不成，身已衰朽，人生只要夢想，就等於有際遇，也等於緣起不斷。

　　老實說，我並不敢第一棒先跳下水，因為不想太快面對黑暗，我不是像想像中如此勇敢的人。

沒有甚麼比我相公的凝視給我最強的信心，所以我跳下水沒有其他的恐懼，沒有太冷的感覺。

去前雖然遇上颱風，反而減少了心裏的壓力，這個颱風，多添了挑戰海峽的風采，是我的朋友。

我大半年沒有所謂橫空而出的故事，也不覺得這是其中的一個，因為人生的機遇率太多了，沒有人想到明天有甚麼發生。

我在橫渡的水底，沒有恐懼，沒害怕突然遇上的海底生物，只是享受撥手踢腳，不急於游向終點。

際遇，一切都是想不到的際遇，我只是一個業餘的夢想者，人生必然有夢想，或大或小，我全部都很欣賞。

我大半生都是喜樂參半，感恩的日子可能多些，能完成橫渡海峽，除了感恩，亦是一篇特別的記憶。

　　海灘和路面，奔跑，一向是我生活中不可缺少的元素，是我一部份的生命，突然變成一個可愛的夢想，是我永遠覺得美妙的事實。

　　我是極力追求實際的運動員，我的人生從來不求夢幻式的想像，奔跑的時候，大地就在我的腳下。

　　我的偶像就是海灘，泳池，喜歡和汗水，疲倦，運動後的喘氣，早已變成我的習慣，從來沒有準備把征服海峽當作目標，但居然會突然出現。

我童年時害怕孤獨，害怕獨處在黑暗的空間，但偏偏要在不可知的水底，這種真是命途安排的挑戰。

最害怕的是在準備橫渡之前的一個星期，我腦海裏所有恐怖的怪物，全部一下子出現，我真的想過要做逃兵。

到底我還是克服了所有的困難，我相信，每個人到了退無可退，自然就會產生一種無以名之的信念，就是所謂勇氣。

這次帶給我的，不全是橫渡之後的成功感，喜悅和暢快的感覺，是完成了我生命裏不完美的一部分。

我最想感謝的是大自然，人生命裏不可以承受的輕和重，快樂和悲傷，恐懼和面對，大自然都可以成為你我的好幫手。

有些機會可能是生命中出現一兩次的，但如果有勇氣的話，就可以等於提醒自己，不如自己創造機會。

雖然不一定可以完全改變我內心積存的心理，可能我還是害怕黑暗，孤獨，無助，但這次際遇，終於給我治療自己的能力。

英倫海峽橫渡日誌

團隊於九月六日凌晨一時五十五分抵達多佛碼頭Granville Dock，停車場環境十分安靜，因為大部分橫渡英倫海峽的船隻都是停泊在外港，而泳手們都是使用其他停車場。當天晚上天空清澈，月光明亮，微風送爽。根據天氣預測，潮漲時間為清晨三時五十九分，潮高為六點二〇米。日出時間是在早上六時十五分。

在Granville Dock上停泊的「Pathfinder開拓者號」亦是這次橫渡英倫海峽指定的漁船，船上有Eric Hartley（領航員），Gary（船員）及Keith Oiller（Channel Swimming Association的官方觀察員）分別為今天橫渡英倫海峽作好準備。大約清晨二時十五分，我們陸續登上「Pathfinder」，團隊成員包括隊長Eliza、泳手Melody、Fannie和Leo，支援人員有Eliza及Melody的丈夫Kenneth、Paul及極地同行的創辦人Steve。所有人登上船後，大家互相問好，Eric介紹了Gary給我們認識，因為昨天下午我們跟Eric及Keith會面相討有關橫渡英倫海峽的規則和指南及安全簡報時Gary並不在場。

二時三十七分「Pathfinder」離開Granville Dock的停泊位置，徐徐地穿過內港和Wick Channel並離開多佛西港入口。今天海面相對平靜，有輕微的漣漪，能見度良好，相信早上可以看到Varne燈船。漁船一直駛往大海，四十分鐘後在距離Samphire Hoe海灘大約四十米左右，Eliza作第一棒橫渡前作最後的準備及拍照。她需先下水從海中心游到石灘上，再由此處作起點。一切準備就緒，Eliza站在礫石海灘上，等待汽笛聲，然後重新入水。計時器開始計時，橫渡正式開始於三時二十五分。

此時，Eric聯繫英國海岸警衛隊的Channel VTS（多佛海岸警衛隊），並確認橫渡已經開始。由於英法兩國的海岸警衛隊需在多佛海峽兩側追蹤所有船隻，而橫渡船隻在橫越海峽和兩條主要航道時並不具有優先權，所以英法兩國海岸警衛隊的協助對於提示其他船隻我們的安全性是非常重要。

停滿船隻的多佛碼頭

本次橫渡的領航船：Pathfinder開拓者號

橫渡前一日團隊先登上領航船討論橫渡的規則、路線

我們曾經橫渡英倫海峽

橫渡前一日團隊先登上領航船討論橫渡的規則、路線

Eliza與English Channel Association的資深觀察員Mr. Keith Oiller合照

夜晚的多佛碼頭

團隊準備登上領航船

同時間旁邊也有其他船隻

橫渡海峽需要準備不少東西

領航船上堆滿了所需物資

隊長Eliza確認物品是否帶齊

開始橫渡前先拍張大合照

今天的近海水域偏向安靜，除了Pathfinder外，還有數艘已註冊橫渡英倫海峽的船同時在這片海域上進行橫渡英倫海峽的活動。Eliza一直在「Pathfinder」的左舷旁邊游泳。她有著有力的划水動作和強勁的踢腿。划水頻率為每分鐘五十六次。

不經不覺間已到換人時間，Leo被告知需開始準備第二棒的接力，十分鐘後正式下水。於清晨四時二十五分，Leo根據觀察員Keith發出的信號，從船尾梯子進入水中並游到船的右舷，因為他是用左邊換氣，觀察員及船員需要確保每位泳手在游泳時時刻刻被注視，以確保安全。現正式由Leo接續着第二棒的接力。

從橫渡接力開始，海上漲潮慢慢地將我們帶上海峽的軌道上。

轉眼間時間已將近到五時二十五分，第三棒的Melody開始準備她的第一次下水接力。天色依然黑暗，臨下水前她需要於泳鏡帶後方及泳衣的背部分別帶上閃光燈，以方便確定她在漆黑的大海上的位置。

另一邊廂於船上，團隊通過社交媒體收到了很多支持的信息，因為Steve一直為這次橫渡不停地做直播。

觀察員給Melody發出信號，她從船尾梯子進入水中，在船的左舷繼續前游。然後，Leo在船尾的梯子返回船上。Melody展現出高度的划水技巧，她的踢腿動作也極為流暢有力。Melody的划水頻率高達每分鐘六十八次，她的游泳技術非常出色。期間天色已由暗漸漸轉為亮，太陽已慢慢地上升，在船上的Paul和Kenneth不時高聲為在海中游泳的Melody吶喊加油鼓勵，為她注入澎湃的動力。

漲潮持續流動，並繼續將我們帶上海峽。我們很快就會進入跨海峽的渡輪航線。

夜晚的海峽一片漆黑，顯出燈塔的重要性

夜晚的海峽一片漆黑，顯出燈塔的重要性

白天的燈塔

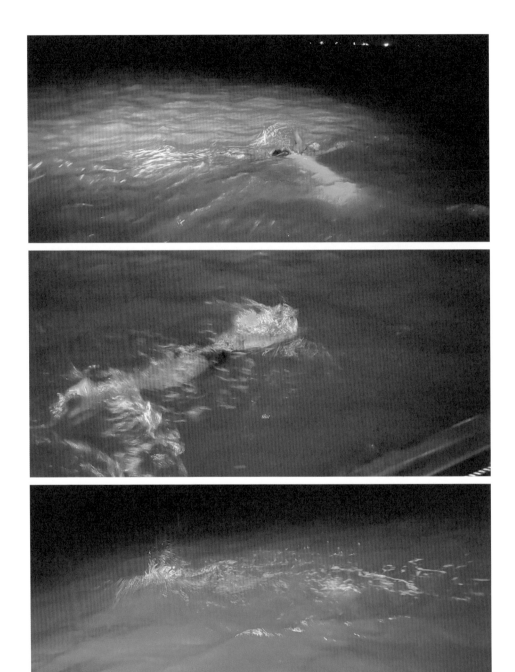

天色昏暗時，為了安全，泳手需戴上閃光燈

天色昏暗時，為了安全，泳手需戴上閃光燈

橫渡時由船尾梯子進入水中

橫渡時由船尾梯子進入水中

距離換人還有十分鐘，第四棒的Fannie在船上已做足準備等待下水，天色現時已是白天，因此她不需要任何安全燈。觀察員給出倒數後，Fannie通過船尾梯子進入水中。她游出並繞過Melody，正式地接續接力任務。

Pathfinder漸漸離開近海水域，進入西南航道。Gary聯繫及向航道交通服務中心報告——航行時間已有三小時十分鐘

漲潮繼續將我們帶上了海峽，現在我們正位於跨海峽渡輪航道的中央。這些航道與兩條主要航道呈直角交叉。西南航道沿著英國一側的海峽行駛，由多佛海岸警衛隊控制和監測；東北航道沿著法國一側的海峽行駛，由Gris Nez Traffic（法國海岸警衛隊）控制。這兩條主要航道每條寬五英里，它們之間有一條寬一英里的分離區，位於海峽中心。

船上的團隊不停地為海中游泳的Fannie吶喊加油鼓勵，Fannie在他們的支持下游得越發有力。目標明確。早上七時十九分，還有六分鐘換人時間，Eliza準備進行第二次下水，她通過船尾梯子進入水中，然後游過Fannie，並在左舷接替游泳。Fannie通過船尾梯子返回船上。

天氣依然晴朗，但能見度很差，能見度不到一英里。海風為二級。海面平靜，微微波動。空氣溫度為攝氏十九點八度，海水溫度為攝氏十八點三度。

八時二十五分換人時間又到，Leo通過船尾梯子進入水中，在右舷再次游泳，Eliza通過船尾梯子離開水中。

於九時十四分我們漸漸離開西南航道，進入分離區。Gary通知航道交通服務中心。

一個小時過去，Melody通過船尾梯子再次進入水中，繼續向目標前往。現在我們已到達海峽中部，已經游了六小時十五分鐘。

早上九時五十五分，Pathfinder已離開分離區，及進入東北航道。Eric聯繫Gris Nez Traffic確認船隻位置和更新游泳細節。

Keith一直觀察水裡泳手及船上團隊成員的一舉一動，期間他給Melody展示了一個手畫的笑臉以作鼓勵。Melody表示讚賞，及報以燦爛的微笑和豎起大拇指回應。

突然間，一艘小型移民船從左舷約1／4英里處經過，船上載滿了人。Eric聯繫並通知Gris Nez Traffic。隨後，法國「安全船」"Apollo Moon"從左舷半英里處經過，追隨着移民船。

十時二十五分，換人時間又到，Fannie再次下水，並繼續接力前游。團隊繼續在海峽中取得良好進展。能見度依然較差，但"Pathfinder"上的AIS系統顯示了Cap Blanc Nez布朗內角在左舷前方八點五英里處，Wissant溫賽特在前方九英里處，Cap Gris Nez格裡斯內茲角在右舷前方十英里處。

十一時二十五分，Eliza進行第三次下水，繼續在左舷游泳。

天氣依然晴朗，但能見度仍然較差（估計在1到1.5英里之間）。風向為東北，微風，風勢為二級。海面依然平穩，有輕微漣漪。空氣溫度為攝氏二十一點二度，海水溫度為攝氏十八點八度。天氣及海面狀況理想，是個適合泳手挑戰橫渡海峽的日子。

十二時二十五分Leo繼續接棒，進行第三次游泳。半小時後，霧氣稍稍消散，前方出現陸地。Cap Gris Nez格裡斯內茲角估計現在在前方四英里處。目前的地面速度為三節（5.4公里／小時）。

今天東北航道非常安靜。

十三時十五分Paul經過信息板通知Leo還有十分鐘就需要換人。他為Leo提供了很多鼓勵。

離開東北航道，Pathfinder已進入了法國近海水域，Gary聯繫並通知Gris Nez交通有關航行的最新狀況。

十三時二十五分Melody再次進入水中並在左舷向前進發。期間，在船的左舷稍微看到一隻海豚在旁跟Melody一起暢泳。

Paul舉出展示牌提示Melody還有「十五分鐘」就要上水換人。Paul在整個游泳過程中負責提示泳手們的游泳時間，他做得非常出色，整個過程他還多次提醒觀察員Keith「還有十分鐘換人」！

Eliza不斷向Melody打氣及給予了很多鼓勵，時間還有十分鐘，這將會是她自己的最後一棒。

接著又是Fannie繼續接棒在船的左舷游泳，天氣依然晴朗，但風力在過去一個小時內逐漸增大。現在是東北風，海風為三級。海上情況開始惡化及頻頻翻起高高的浪峰。但這並不打擊他們的士氣，團隊繼續朝著他們的目標進發及取得非常好的進展。

退潮開始減緩，漲潮將很快再次湧動，並開始將我們帶回海峽。現在真正的辛苦工作開始了──團隊必須在我們被帶回Cap Gris Nez之前，穿過潮流。Cap Gris Nez現在離左舷前方一英里處，Audresselles離前方2½英里處。

由於海浪頗大Fannie稍微停下游泳並改為蛙式，然後又改回自由式。期間，她不斷將自由式及蛙式交替游泳。

潮流已經改變，漲潮開始將我們帶回海岸。Cap Gris Nez現在離左舷前方1½英里處。

風浪變得很大，Fannie亦游得頗為吃力，但這一切也不損團隊對她的信心，整個團隊不斷給予她鼓勵。

Eric站在甲板上與Eliza交談，並讚賞每一位團隊成員為游泳付出的努力。

我們仍然還未看到任何陸地，所以Eliza需要再次下水並在左舷繼續游泳。當Fannie上船後，船上每一位成員向她歡呼，大家欣賞她於惡劣條件下仍然處變不驚地勇往直前向目標前進。

漲潮已經將我們帶回海岸並超過了Cap Gris Nez，憑著Eliza強勁的力量也將我們帶得更靠近岸邊。Cap Gris Nez現在離前方一英里處。

一小時後，Leo進行最後一棒的接力。十五分鐘後，已稍稍看到遠處的海灘，快到了，登陸點應該在Cap Gris Nez東側約兩英里處的Tardinghen附近。在接近法國海岸時，他突然看見到海中全是藍色的水母。他從水裏大聲問道此類型的水母是否含有劇毒，團隊立刻詢問船長及Keith，他們分別表示這只是普通的水母，並不會構成任何危險（但並不代表不會被刺傷）。由於已望見岸邊的緣故大家心情已十分亢奮，只見Leo衝過水母群並向海灘方向前進。此時，Gary準備並檢查著陸用的小船。他駛離小船，並引導Leo上陸。

「Pathfinder開拓者號」停在離岸大約一百米的位置。Eric保持離岸安全距離以觀察游泳的結束。

好不容易，Leo站在沙灘上，正式完成了今次的接力。碼錶在下午五時停止計時。

地點：Cap Gris Nez東側約兩英里處的：Tardinghen沙灘。

總時間：十三小時三十五分鐘。

下午五時八分，Leo和Gary安全返回「Pathfinder開拓者號」。

團隊慶祝並接受Eric, Gary及Keith的祝賀，大家不停地拍照留念。

期後，Eric聯繫Cap Gris Nez交通，確認橫渡英倫海峽成功完成，並開始返回多佛。感謝海岸防衛隊在游泳期間的協助。

Leo由船尾梯子下水，一旁為著陸用的小船

Leo由船尾梯子下水，一旁為著陸用的小船

Leo游泳橫渡時，一旁的小船正在充氣

面對波濤洶湧的海峽，Leo勇往直衝，極有毅力

在領航船上拍的珍貴照片

等候下一棒時，Melody自拍留念。

在領航船上拍的珍貴照片

Leo手上拿著的是「剩下十分鐘」的提示牌，提示正在橫渡的隊員，剩餘的游泳時間，這是屬於團隊間的溫馨支持。

在領航船上拍的珍貴照片
隊長Eliza與丈夫Kenneth。

在領航船上拍的珍貴照片

高強度的游泳耗費不少體力，船上備有補給品，讓泳手補充能量。

在領航船上拍的珍貴照片
團隊為剛完成橫渡的Fannie拍照。

在領航船上拍的珍貴照片
觀察員為泳手紀錄下橫渡時的精采瞬間。

在領航船上拍的珍貴照片

Eliza, Melody和Fannie在領航船上拍了不少合照，別具意義

在領航船上拍的珍貴照片

Eliza, Melody和Fannie在領航船上拍了不少合照，別具意義

在領航船上拍的珍貴照片

　我們曾經橫渡英倫海峽

在領航船上拍的珍貴照片

在領航船上拍的珍貴照片
大家與正在游泳的Fannie拍張合照。

在領航船上拍的珍貴照片

Tracking

Below is the recorded position of Pathfinder over the last 16 hours.

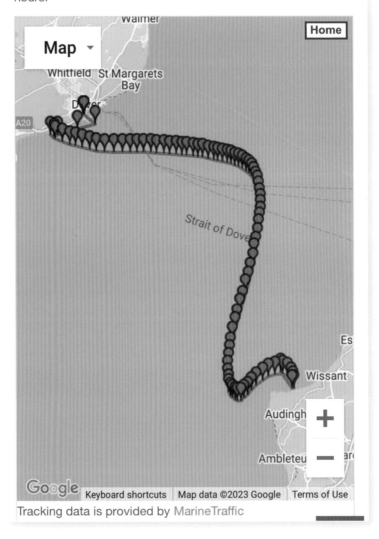

這是我們在領航船Pathfinder引領下環島英倫海峽的游泳路線圖

計時器記錄了我們橫渡英倫海峽的總時間，是十三小時四十五分鐘四十九秒

Pathfinder順利平穩地進入多佛港，並前往加油泊位加滿柴油。

晚上七時二十五分安全地回到格蘭維爾碼頭的停泊位置。

Keith觀察員給我們的話語：

這是一次出色的橫渡接力，所有團隊成員都做出了同等貢獻並達到成功的結果。雖然在任何條件下的成功主要歸於泳手多年的準備和訓練，但船長和船員的幫助絕不能被低估。

在此，我向「香港團隊2023」出色的表現表示祝賀，並感謝Eric和Gary的經驗和專業精神，他們支持團隊實現他們應得的目標，並在「Pathfinder開拓者號」上的又一次成功地帶領團隊的安全地橫渡英倫海峽。

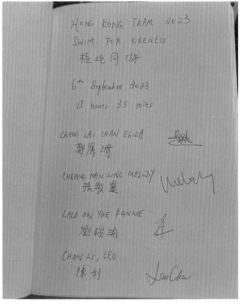

成功橫渡英倫海峽後的傳統

成功橫渡英倫海峽的泳手可前往位於Dover, 6 Ladywell的Les Fleurs酒吧簽名。
個人泳手在酒吧牆上簽名，而接力泳隊則是在一本紀念冊上簽名。

成功橫渡英倫海峽後的傳統

成功橫渡英倫海峽的泳手可前往位於Dover, 6 Ladywell的Les Fleurs酒吧簽名。
個人泳手在酒吧牆上簽名，而接力泳隊則是在一本紀念冊上簽名。

成功橫渡英倫海峽後的傳統

成功橫渡英倫海峽的泳手可前往位於Dover, 6 Ladywell的Les Fleurs酒吧簽名。
個人泳手在酒吧牆上簽名，而接力泳隊則是在一本紀念冊上簽名。

成功橫渡英倫海峽後的傳統

成功橫渡英倫海峽的泳手可前往位於Dover, 6 Ladywell的Les Fleurs酒吧簽名。
個人泳手在酒吧牆上簽名，而接力泳隊則是在一本紀念冊上簽名。

成功橫渡英倫海峽後的傳統

成功橫渡英倫海峽的泳手可前往位於Dover, 6 Ladywell的Les Fleurs酒吧簽名。
個人泳手在酒吧牆上簽名，而接力泳隊則是在一本紀念冊上簽名。

成功橫渡英倫海峽後的傳統

成功橫渡英倫海峽的泳手可前往位於Dover, 6 Ladywell的Les Fleurs酒吧簽名。
個人泳手在酒吧牆上簽名，而接力泳隊則是在一本紀念冊上簽名。

鳴謝篇

11

一、感謝我們的領航船船長Eric Hartley及船員Gary，引領我們團隊從英國安全到達法國彼岸。

二、感謝Channel Swimming Association官方觀察員Keith Oiller，為我們團隊在整個橫渡過程中進行官方觀察，並在沿途提供不少協助及鼓勵。

三、感謝各方好友及各位支持者為我們拍下短片，鼓勵我們以游泳接力方式橫渡英倫海峽，為本港慈善機構「極地同行」籌得超過港幣二十五萬的款項，令他們有更多資源繼續在香港推廣傷健共融理念。排名不分先後，我僅代表團隊感謝方力申、陳念慈、吳慶華、洪永城、徐榮、陳嘉豪、李致和、Chris Cheung、大帽山茶水亭連姐、蝸牛仔陳梓鍵、楊志城、歌手可嵐、KFC、姚錦成、Iris、Pan、司徒兆殷、Jenny同仔仔、曾錦源、同學仔Stephen、Suki、阿恩及各方好友為我們拍放短片，支持我們的團隊並呼籲各界人士慷慨解囊捐款給予「極地同行」。

四、感謝各位善長人翁給予善款捐贈「極地同行」，感謝您們的善心，福有攸歸，積善之家必有餘慶。

五、感謝「極地同行」負責人Steve Lo與我們一起同行，接送我們往返碼頭，並全程在船上為我們現場直播，令香港的親人及朋友能夠在Facebook上透過直播視頻與我們一起同游，了解現場實況。

六、感謝各位好友及支持者在Facebook上面觀看直播，並留下窩心的鼓勵留言。

七、感謝Melody的小學同學畫家Cathy特意為團隊製作橫渡英倫海峽的陶瓷公仔。

八、感謝小平為團隊創作及設計可愛漫畫造型。小平是一位聽障及右腿全截肢的「雙」傷人士，現職於社會企業，同時也是漫畫「戥小平高興」的

作者。小平為團隊設計可愛漫畫，以漫畫形式呈現「極地同游」，為四位泳隊成員繪畫他們的造型。即使無法身體力行支持，小平通過繪畫來表達對團隊的支持和祝福。

九、感謝國際品牌Lululemon贊助團隊制服。

十、感謝國際品牌Jaked贊助團隊泳衣及游泳用品。

十一、感謝動力國際體育商業顧問公司創辦人，前亞運會游泳銀牌得主李穎詩女士（Ms Vivian Lee）為團隊聯絡傳媒並協助發放新聞稿。

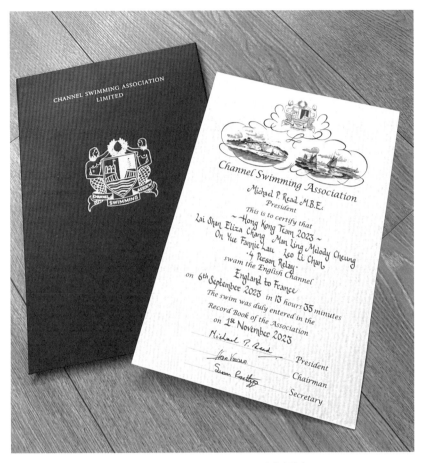

Channel Swimming Association頒發的官方證書

團隊非常榮幸，收到Channel Swimming Association頒發的官方證書，確認團隊四名泳手成功於二〇二三年九月六日以四人游泳接力方式十三小時三十五分鐘成功橫渡英倫海峽。這證書是由CSA聘請的書法家在牛皮紙上手寫的。團隊感謝CSA主席Mr. Michael ReadRead為我們安排及從英國寄送這些證書往香港。

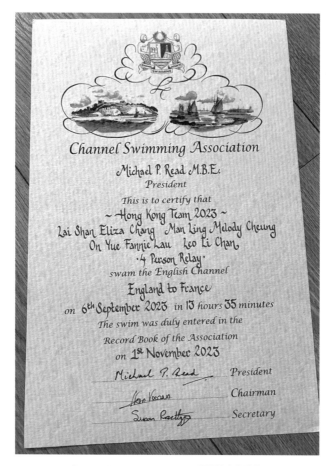

Channel Swimming Association頒發的官方證書

團隊非常榮幸，收到Channel Swimming Association頒發的官方證書，確認團隊四名泳手成功於二〇二三年九月六日以四人游泳接力方式十三小時三十五分鐘成功橫渡英倫海峽。這證書是由CSA聘請的書法家在牛皮紙上手寫的。團隊感謝CSA主席Mr. Michael ReadRead為我們安排及從英國寄送這些證書往香港。

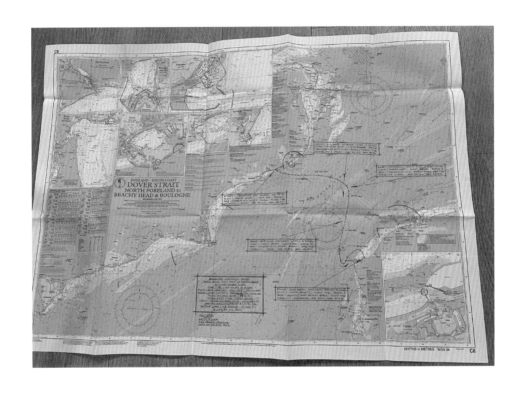

珍貴的紀念品——英倫海峽游泳路線圖

這是我們的游泳路線圖，總游泳距離為五十三點一公里，由Channel Swimming Association的高級觀察員
Mr. Keith Oiller注釋和編製。這路線圖是我們這次挑戰的珍貴紀念品。

珍貴的紀念品——英倫海峽游泳路線圖

這是我們的游泳路線圖,總游泳距離為五十三點一公里,由Channel Swimming Association的高級觀察員Mr. Keith Oiller注釋和編製。這路線圖是我們這次挑戰的珍貴紀念品。

感謝Lululemon Hong Kong支持我們「極地同游」橫渡英倫海峽挑戰，贊助我們團隊的制服

四位泳手往後不停腳步，各自繼續往前追尋自己的夢想

四位雖然是先進運動員，但仍然保持著對運動的真誠熱情，對運動十分熱愛和投入

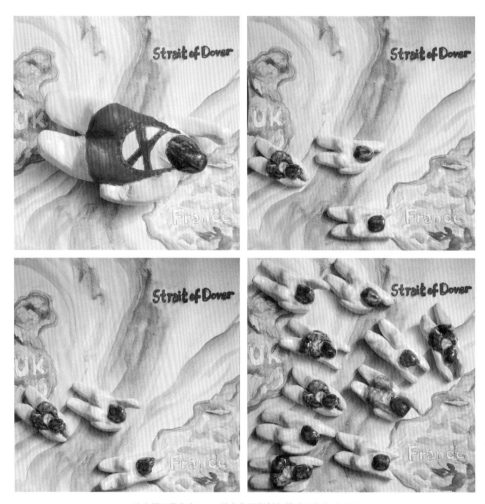

Melody的小學同學畫家Cathy特意為團隊製作橫渡英倫海峽的陶瓷公仔

文化生活叢書 1300016

我們曾經橫渡英倫海峽

作　　者／鄭麗珊、張敏靈、劉桉瑜

主　　編／草　川

責任編輯／林涵瑋

發 行 人／林慶彰

總 經 理／梁錦興

總 編 輯／張晏瑞

編 輯 所／萬卷樓圖書股份有限公司

排　　版／菩薩蠻數位文化有限公司

印　　刷／博創印藝文化事業有限公司

封面設計／林琪涵

發　　行／萬卷樓圖書股份有限公司

　　　　　臺北市羅斯福路二段 41 號 6 樓之 3

　　　　　電話 (02)23216565

　　　　　傳真 (02)23218698

　　　　　電郵 SERVICE@WANJUAN.COM.TW

香港經銷／香港聯合書刊物流有限公司

　　　　　電話 (852)21502100

　　　　　傳真 (852)23560735

ISBN　978-626-386-037-7

2024 年 6 月初版

定價：新臺幣 2280 元

如何購買本書：

1. 劃撥購書，請透過以下郵政劃撥帳號：

　 帳號：15624015

　 戶名：萬卷樓圖書股份有限公司

2. 轉帳購書，請透過以下帳戶

　 合作金庫銀行 古亭分行

　 戶名：萬卷樓圖書股份有限公司

　 帳號：0877717092596

3. 網路購書，請透過萬卷樓網站

　 網址 WWW.WANJUAN.COM.TW

　 大量購書，請直接聯繫我們，將有專人

　 為您服務。

　 客服：(02)23216565 分機 610

如有缺頁、破損或裝訂錯誤，請寄回更換

版權所有 ‧ 翻印必究

Copyright©2024 by WanJuanLou Books
CO., Ltd.

All Rights Reserved　　**Printed in Taiwan**

國家圖書館出版品預行編目資料

我們曾經橫渡英倫海峽 / 草川主編 . -- 初版 . --
臺北市 : 萬卷樓圖書股份有限公司 , 2024.06
　 面；　公分 . -- (文化生活叢書；1300016)
ISBN 978-626-386-037-7(精裝)
1.CST: 游泳 2.CST: 自我實現
528.961　　　　　　　　　　　　112022926